Rainer M. Schröder
Die letzte Fahrt des Captain Kidd

Foto: © Leane Hasberg

DER AUTOR Rainer Maria Schröder, 1951 in Rostock geboren, hat vieles studiert und allerlei Jobs ausprobiert, bevor er sich für ein Leben als freier Autor entschied. Seit Jahren begeistert er mit exakt recherchierten und spannend erzählten historischen Romanen seine Leser. Nachdem er lange Zeit ein wahres Nomadenleben mit zahlreichen Abenteuerreisen in alle Erdteile führte, lebt er heute mit seiner Frau in einem kleinen Ort an der Atlantikküste Floridas.

Rainer M. Schröder

Die letzte
Fahrt des
Captain Kidd

 Band 21038

Der OMNIBUS
Taschenbuchverlag
gehört zu den Kinder- &
Jugendbuch-Verlagen
in der Verlagsgruppe
Random House
München Berlin
Frankfurt Wien Zürich

Umwelthinweis:
Dieses Buch wurde auf chlorfrei gebleichtem
Papier gedruckt.

Erstmals als OMNIBUS Taschenbuch Dezember 2001
Gesetzt nach den Regeln der Rechtschreibreform
© 2001 OMNIBUS Taschenbuch/
C. Bertelsmann Jugendbuch Verlag, München
in der Verlagsgruppe Random House GmbH
Alle Rechte vorbehalten
Umschlagbild: Tilman Michalsky
Umschlagkonzeption: Klaus Renner
Ht · Herstellung: Peter Papenbrok
Satz: Uhl + Massopust, Aalen
Druck: Clausen & Bosse, Leck
ISBN 3-570-21038-3
Printed in Germany

www.omnibus-verlag.de   10 9 8 7 6 5 4 3 2 1

Inhalt

Die Hölle von Newgate

Der Tag der Hinrichtung dämmerte herauf. Fahlgraues Licht verdrängte allmählich die tiefschwarzen Schatten der Nacht vor dem winzigen vergitterten Fenster, das hoch oben in der Mauer der Kerkerzelle eingelassen war. Schmutzig graue Wolken hingen über dem Londoner Gefängnis Newgate, einer Stätte des Grauens und des Todes, vor der sich sogar die abgebrühtesten Schwerverbrecher fürchteten. Zu Recht.

Captain William Kidd hatte die ganze Nacht über kein Auge zugetan. Frierend kauerte der zum Tode Verurteilte in einer Ecke der Zelle auf einer dünnen Schicht feuchten Strohs. Es war eiskalt. Die rauen Wände, die zum Teil mit Schimmel bedeckt waren, hielten noch die Kälte der Nacht in ihren mächtigen Steinquadern.

Neben Kidd lag eine stämmige, sehnige Gestalt in dünner, verschlissener Kleidung. Es war sein langjähriger Gefährte und ehemaliger Steuermann Darby Mullins, der sich nun auf dem Stroh zu regen begann und sich hustend aufrichtete.

»Dreimal zur Hölle mit diesen elenden Heuchlern, die uns in den Kerker von Newgate gebracht haben!«, stieß Darby Mullins hervor und fuhr sich über die brennenden und geröteten Augen. Auch Darby Mullins hatte in dieser Nacht keinen Schlaf gefunden.

»Wenn sie uns noch länger hier behalten«, fuhr er fort,

»brauchen sie keinen Galgen mehr. Dann verrecken wir bereits hier in diesem Loch!« Er fluchte lauthals, doch dann erstickte ein heftiger Hustenanfall seine lästerlichen Flüche.

»Sie werden es nicht wagen, Darby«, erwiderte Captain Kidd und bemühte sich, seiner Stimme einen zuversichtlichen Klang zu geben.

Kidd zog den mehrfach geflickten schwarzen Samtrock, der während der langen Kerkerhaft übel zugerichtet worden war, fester um seine noch immer kräftigen Schultern. Die Haftzeit war jedoch nicht spurlos an ihm vorübergegangen. In sein ehemals wettergegerbtes Gesicht, das nun von kränklich bleicher Farbe war, hatten sich unzählige tiefe Falten eingegraben. Sein Haar hatte sich zudem stark gelichtet und hing ihm in schmutzigen Strähnen in die Stirn. Doch in seinen Augen war die Flamme der Hoffnung noch immer nicht erloschen.

»Sie werden es nicht wagen? Habe ich Euch recht verstanden, Captain?«, machte sich nun der dritte Mann in der Zelle bemerkbar, den man erst vor wenigen Tagen zu Kidd und Mullins in den Kerker geworfen hatte. Es war Joe Simonton, ein pockennarbiger Pirat der übelsten Sorte.

Joe Simonton lachte rau. »Hängen werden sie uns, Captain. Uns alle! Und auf Euren Kopf ist der Pöbel von London ganz besonders scharf, Captain. Der Strick ist Euch gewiss.«

Kidd ersparte sich eine Antwort, und Joe Simonton zog eine noch halb volle Flasche Branntwein aus seiner

Rocktasche, setzte sie an die rissigen Lippen und trank gierig. Irgendwie war es Simonton gelungen, sich mehrere Flaschen von diesem billigen, scharfen Fusel zu besorgen. Im Gefängnis von Newgate war alles möglich, denn die Wärter waren bestechlich und nahmen, was sie von den Gefangenen bekommen konnten.

Auch Kidd hatte in seiner Verzweiflung versucht, den Aufseher zu bestechen. Immerhin war er ein vermögender, ja reicher Mann. Aber er war zu bekannt, als dass der Gefängnisaufseher ihn für eine Kiste Goldstücke hätte laufen lassen können – wie das bei kleineren Fischen sonst möglich war. Das ehrwürdige Geschworenengericht von Old Bailey hatte ihn für schuldig befunden, schwerste Piraterie begangen zu haben, und zum Tode durch den Strang verurteilt. Es war ein Aufsehen erregender Prozess gewesen, der auch politische Auswirkungen gehabt hatte.

»Wir hätten den einflussreichen Londoner Gentlemen, diesen Hundesöhnen, niemals Glauben schenken, sondern mit dem Gold verschwinden sollen«, sagte Darby Mullins mit Bitterkeit, als die Sonne langsam höher stieg und sich der morgendliche Nebel aufzulösen begann. »Deine ehrwürdigen Freunde haben uns an den Teufel verkauft, um ihre eigene schmutzige Haut zu retten. So sieht es aus, Captain.«

Darby Mullins hatte sich angewöhnt, Kidd mit *Captain* anzusprechen, obwohl sie Freunde waren und schon so manches Gefecht Seite an Seite durchgestanden hatten. Aber auch im Angesicht des Galgens würde Mullins von dieser Gewohnheit nicht abgehen.

Kidd schüttelte den Kopf. »Daran kann und will ich einfach nicht glauben, Darby. Und noch haben wir die Schlinge nicht um den Hals.«

»Aber bald!«, rief Joe Simonton aus der gegenüberliegenden Ecke des Kerkers und griff wieder zur Flasche. Gurgelnd rann der scharfe Branntwein durch seine Kehle. Seit Tagen schon ersäufte er seine Todesangst in Alkohol, denn auch ihm war der Galgen gewiss.

Kidd schwieg und starrte geistesabwesend hinüber auf die Wand.

Darby Mullins rückte näher zu ihm und fragte leise: »Du denkst an diesen feinen Pinkel Jack, nicht wahr?«

Kidd nickte gedankenversunken.

»Zum Teufel mit diesem Burschen!«, fluchte Darby Mullins. »Keinen Viertelpenny Silber gebe ich noch für seine verlogenen Versprechungen!«

»Abwarten, Darby«, erwiderte William Kidd.

Wenige Tage vor Prozessbeginn hatte Kidd eine merkwürdige Begegnung gehabt. Ein gewisser Jack Brownigton hatte ihn im Kerker besucht und sich als Advokat vorgestellt. Er war teuer gekleidet und hatte Kidd gewarnt, vor den Geschworenen die Wahrheit zu sagen. Schließlich hatte Kidd mit Jack Brownigton, der sicherlich ganz anders hieß, einen Handel geschlossen: Kidds Schweigen für die Sicherheit seiner Familie, sein eigenes Leben und das seines Gefährten Darby Mullins. Der Advokat hatte den Handel angenommen.

»Sie wollten unser Schweigen vor Gericht, Captain«, sagte Mullins grimmig. »Und das haben sie bekommen.

Und jetzt werden sie uns endgültig zum Schweigen bringen – mit einem Hanfstrick!«

Joe Simonton hatte Mullins' verbitterte Worte mitgehört. Er rülpste laut. »Hängen ist gar nicht so schlimm, wenn man sich erst mal daran gewöhnt hat.« Er lachte heiser, als hätte er einen besonders gelungenen Witz gemacht. Doch in seinen Augen stand ein irres Flackern.

Kidd und Mullins ignorierten ihn und fielen in brütendes Schweigen. Ihnen blieb nichts weiter übrig, als zu hoffen und zu warten. Aber warten in Newgate – das war die Hölle auf Erden. Vor fünfhundert Jahren hatte man das Gefängnis gebaut und seitdem hatte sich hier nichts geändert. Noch immer liefen offene Wasserkanäle mitten durch die Zellen und brutale Wärter und Seuchen forderten mehr Todesopfer als der Galgen. Ein unvorstellbarer Gestank erfüllte die Kerker, in denen es von Ungeziefer nur so wimmelte.

Die drei zum Tode Verurteilten schreckten auf, als auf dem Gang vor den Zellen Schritte laut wurden. Sie hörten das Rasseln von Schlüsseln. Metall schlug gegen Metall, als die massiven Riegel der Zellentür zurückgeschoben wurden. Die Tür schwang auf.

Der hagere Aufseher stand im Lichtschein der Laternen, die den Gang erhellten. Hinter ihm warteten mit ausdruckslosen Gesichtern zwei bewaffnete Wärter.

Der Aufseher befahl mit barscher Stimme: »Folgt mir, Captain Kidd! Man will Euch sprechen.«

Kidd griff nach seiner dreckigen Perücke, stülpte sie hastig über sein strähniges Haar und sprang auf. Er wagte nicht zu fragen, um wen es sich bei diesem »man«

11

handelte. Es konnte nur Jack Brownigton sein, der gekommen war, um sein Versprechen einzulösen. Kidd warf Darby Mullins einen bedeutungsvollen Blick zu.

»Bis nachher, Captain!«, grölte Joe Simonton ihm nach und schwang seine nun fast leere Branntweinflasche. »Am Galgen!«

Captain William Kidd trat hinaus auf den Gang. Und während er dem wortkargen Aufseher folgte, eskortiert von den bewaffneten Wärtern, wanderten seine Gedanken zurück in die Vergangenheit, zurück in die Zeit, als er auf dem Höhepunkt seiner Macht stand und noch nichts von den Dingen ahnte, die mit dem Kommando über das unglückselige Schiff *Adventure Galley* auf ihn zukommen würden.

Und wenn er es recht überlegte, begann eigentlich alles mit jenen dramatischen Ereignissen im Sommer 1689. Gut zwölf Jahre lag das nun schon zurück, doch ihm war, als wäre es erst gestern gewesen …

Segel voraus!

»Klar Schiff zum Gefecht!«

Laut hallte das Kommando über das Deck der englischen Fregatte *Shark*. Captain William Kidd, der Eigner des stolzen Dreimasters, stand mit gespreizten Beinen und hinter dem Rücken verschränkten Armen auf dem Achterdeck. Aufmerksam beobachtete er, wie seine Mannschaft das Schiff in Gefechtsbereitschaft brachte.

Es gab nichts zu beanstanden. Jeder wusste, was er zu tun hatte und wo sein Platz war. Zahlreiche Seegefechte hatten sie zu einer kampferprobten Gemeinschaft zusammengeschmiedet.

Nackte Füße eilten über das Deck und die Stufen des Niedergangs hinunter. Pulver, Kugeln und Handwaffen wurden an Deck geschleppt. Die Geschützmannschaften nahmen die Mündungsschoner von den 12-Pfündern, luden sie, öffneten die Stückpforten und rannten die Kanonen aus. Die Lunten lagen bereit.

Die Planken wurden begossen, damit feindliche Geschosse kein Feuer entfachen konnten. Und dann streuten die Männer Sand über das Deck. Wenn es zum Kampf kam, sollte keiner im Blut der Verletzten und Toten ausgleiten.

»Haltet Kurs Südsüdwest, Mullins!«, rief Kidd dem Steuermann am Ruder zu.

Darby Mullins, ein stämmiger Mann, der nur aus Muskeln und Sehnen zu bestehen schien und mit nacktem, sonnengebräuntem Oberkörper hinter dem Ruder stand, nickte ernst. »Aye, aye, Captain! Kurs Südsüdwest.«

Tom Bone, der Segelmacher mit dem knöchrigen Körperbau und dem fast zahnlosen Gebiss, trat zu Kidd auf das Achterdeck. Sein Gesicht schien zu glühen. »Gleich werden diese verdammten Froschfresser unsere Breitseite zu schmecken bekommen!«

Kidd verzog das Gesicht. »Noch liegt der Kampf vor uns, Bone. Pierre d'Avernas ist kein leichter Gegner. Er versteht es, eine Klinge zu führen und selbst dem Teufel ein Ohr abzusäbeln.«

Der Segelmacher spuckte verächtlich über Bord. »Das wird ihm heute wenig nützen, Captain… mit Verlaub gesagt. Der Teufel soll mich holen, wenn wir ihn nicht dahin schicken, wo dieser Franzmann hingehört… in die Hölle nämlich!«

Darby Mullins lachte zustimmend. »Diesmal sitzt Pierre d'Avernas in der Falle. Und er ahnt es noch nicht einmal.«

»Schiff gefechtsbereit, Captain!«, meldete der Geschützmeister James Brewer, den alle nur Scotty nannten, weil er auf seine schottische Heimat nichts kommen ließ.

Scotty war ein Hüne von einem Mann. Mehrere Narben bedeckten seinen muskulösen Oberkörper. Seine Hände waren wie die Pranken eines Grizzlys. Mit einem wuchtigen Fausthieb vermochte er einen ausgewachsenen Mann ins Jenseits zu schicken. Er trug ein buntes Halstuch und eine schwarze Perle im rechten Ohr.

Kidd nickte zufrieden und musterte ihn mit einem kaum merklichen Lächeln. Scotty hatte sich schon mit einem mächtigen Entermesser und zwei geladenen Musketen bewaffnet, die hinter seinem breiten Gürtel steckten.

»Du kannst es kaum abwarten, nicht wahr?«

Scotty lachte. »Es wurde Zeit, dass uns dieser Bastard endlich vor die Rohre segelt, Captain. Der Franzmann hat eine Menge englische Schiffe in den Grund gebohrt.« Er deutete mit dem Kopf zu der Besatzung an den Geschützen hinunter. »Die Männer können es kaum erwarten. Haben lange keinen Pulverrauch mehr gerochen.«

»Vielleicht bekommen wir heute mehr Pulver zu schmecken, als uns recht sein kann«, erwiderte Captain Kidd. »Wenn d'Avernas gewarnt ist, wird er uns einen heißen Empfang bereiten, den wir so schnell nicht vergessen werden.«

»Pah!«, knurrte Tom Bone. »Wir werden ihn zu den Fischen schicken, Captain… mit Verlaub gesagt.«

William Kidd setzte das Fernrohr an die Augen. Gut drei Meilen voraus lag eine lang gezogene, bewaldete Insel, die zur Bahama-Gruppe gehörte. Unbewohnt, aber mit Frischwasserquellen. Ein ideales Versteck für einen Piraten. Nur Pech für Pierre d'Avernas, dass er, William Kidd, diese Insel mit der versteckten Bucht kannte.

D'Avernas hatte jahrelang als gefürchteter Pirat die karibischen Gewässer unsicher gemacht. Auf eigene Rechnung. Jetzt, wo Frankreich und England im Krieg miteinander lagen, gehörte er sozusagen zur französischen Kriegsflotte. Doch das änderte nichts an der Tatsache, dass er ein skrupelloser Pirat war, der sich weniger um sein Vaterland als vielmehr um reiche Beute kümmerte.

Kidd starrte zur Insel hinüber. Die bewaldete Landzunge, die weit ins Meer hinaussprang und die stille Bucht schützte, kam näher und näher. Hatte d'Avernas Posten aufgestellt? Ahnte er vielleicht schon, dass sich ihm die *Shark* mit ausgerannten Geschützen näherte?

Captain Kidd schob das Fernrohr mit einer energischen Bewegung zusammen. Er würde es darauf ankommen lassen müssen. Kidd hatte sich in den letzten Jahren einen Namen als mutiger und erfolgreicher Kapercaptain gemacht. Ein Sieg über Pierre d'Avernas' Schiff, die Fregatte *Esperance*, würde ihm zur Ehre gereichen. Und er war fest entschlossen, die *Esperance* zu nehmen.

»Wir befinden uns in Luvposition und da will ich während des ganzen Gefechtes möglichst auch bleiben«, sagte Kidd nun an Darby Mullins gewandt.

»Aye, aye, Captain! Von diesen Froschfressern werden wir uns nicht aussegeln lassen«, versicherte Darby Mullins und gab Stützruder.

Kidd blickte nun den Geschützmeister an, der scheinbar gedankenverloren die schwarze Perle in seinem rechten Ohrläppchen drehte.

»Wir wissen nicht, was uns erwartet. Jedenfalls nicht genau. D'Avernas ist ein gerissener Hund, das muss man ihm lassen. Er versteht sein blutiges Piratenhandwerk. Sonst hätte er sich nicht so lange in diesen Gewässern behaupten können.«

Scotty zog die buschigen Augenbrauen hoch. »Worauf wollt Ihr hinaus, Captain?«

»Dass die erste Breitseite aus unseren Rohren die entscheidende sein wird«, erklärte William Kidd schärfer als beabsichtigt. Die nervliche Anspannung kurz vor einem derart gefährlichen Gefecht machte sich auch bei ihm bemerkbar. »Vermutlich wird sie sogar den Ausgang des Kampfes bestimmen.«

Scotty erlaubte sich den Anflug eines stolzen Lächelns. »Mit allem Respekt, Captain, das wissen die Männer. Die Breitseite wird sitzen, darauf verwette ich meine Perle!«

»Wenn die *Esperance* Gelegenheit erhält, mit voller Feuerkraft zu antworten, wird von der *Shark* nicht mehr viel übrig bleiben, was sich lohnt, eingesammelt zu werden. Mach das den Geschützmannschaften klar, Scotty!«

»Eigentlich ist das nicht nötig«, sagte Scotty, »aber ich werde ihnen noch einmal Feuer unter dem Achtersteven machen.« Er verließ das Achterdeck und begab sich anschließend von einem Geschütz zum anderen.

Kidd vermochte deutlich zu hören, wie Scotty den Männern vor Augen führte, was ihnen bei einer misslungenen Breitseite blühte. Kielholen war noch die mildeste Strafe, die er denjenigen Kanonieren androhte, die ihre Kugel nicht mitten in den hözernen Bauch des französischen Schiffes jagten.

Kidd trat wieder an die Backbordreling und spähte

zur Insel hinüber. Von weitem ähnelte sie einem mächtigen Wal, der aufgetaucht war und mit seinem von Seetang bedeckten Buckel ruhig im Wasser lag. Verfilztes, scheinbar undurchdringbares Dickicht reichte bis ans Wasser hinunter. Plötzlich fiel ihm ein, dass im Nordwesten ein langes, halbkreisförmiges Unterwasserriff eine natürliche und gefährliche Barriere bildete und die Bucht von Norden her schützte.

Er schickte deshalb einen Mann nach vorn zum Bug, der mit einem Lot darüber wachen sollte, dass die *Shark* immer genügend Wasser unter dem Kiel hatte.

Nachdem sonst weiter nichts mehr zu tun war, ging Kidd noch einmal seinen Angriffsplan durch. Wenn er Glück hatte, befand sich ein Großteil der Mannschaft der *Esperance* an Land, um die Frischwassertonnen wieder aufzufüllen. In diesem Fall würde die *Shark* ein leichtes Spiel haben.

Die Fregatte war gefechtsbereit und glitt mit prallen Segeln und rauem Wind durch das grün-blaue Wasser der Karibik. Captain Kidd überlegte, ob er nicht irgendeine Kleinigkeit vergessen hatte... Nein – es gab nichts mehr zu tun, außer zu warten. Das Warten war die schlimmste Zeit vor einem Kampf. Zäh verrannen die Minuten, und er musste sich zusammennehmen, um nicht ruhelos auf dem Achterdeck hin- und herzuwandern. Er spürte, dass es seiner Crew nicht viel anders erging. Die Männer fieberten nur darauf, dass die Geschütze losdonnerten und beißender Pulverrauch über das Deck trieb. Dann endlich konnten sie etwas tun, kämpfen, fluchen und schreien.

Jetzt jedoch lag eine beinahe atemlose und trügerische Stille über dem Schiff. Nur das Rauschen der Wellen, durch die der Bug schnitt, und das vertraute Arbeiten der Takelage waren zu hören.

Immer näher kam die Landzunge, die den Blick in die versteckte Bucht verwehrte, in der die *Esperance* ankerte. Kidd konnte zwar schon einzelne Palmen ausmachen, aber nirgendwo französische Wachtposten entdecken. Pierre d'Avernas schien sich in seinem Versteck sehr sicher zu fühlen…

Und dann kam plötzlich der überraschte, fast erschrockene Ruf des Ausgucks aus dem Masttopp: »Segel voraus…! Drei Strich Backbord!«

Captain Kidd zuckte wie unter einem Peitschenhieb zusammen. »*Die Esperance?*«, schrie er zum Ausguck hoch.

»Ja, Captain!«, antwortete der Mann im Masttopp aufgeregt. »Sie steht unter Segel und läuft aus!«

Die Männer der *Shark* starrten betroffen zur Landzunge hinüber, die soeben an ihnen vorbeiglitt und nun den Blick in die Bucht freigab. Und dann sahen sie den französischen Dreimaster, der mit geblähten Segeln auslief.

»Hölle und Verdammnis!«, fluchte der Segelmacher Tom Bone und spuckte durch seine Zahnlücken in hohem Bogen über die Reling. »Wenn der Bastard gewarnt ist, wird es gleich Blei und Eisen regnen!«

Tod den Franzosen!

Für einen Augenblick wich das Blut aus Captain Kidds Gesicht. Der Überraschungsangriff war missglückt! Die *Esperance* lag nicht als ahnungsloses Opfer in der Bucht und nahm Frischwasser an Bord. Nein, sie lief mit rauschender Bugwelle auf die *Shark* zu. Und die gesamte Crew des Piraten befand sich an Bord.

Nachdem sich Kidd von dem ersten Schrecken erholt hatte, riss er das Fernrohr hoch. Vor sich sah er die Gesichter der Franzosen zum Greifen nahe. Erleichtert stöhnte er auf, als er ihr fassungsloses Staunen und bei manchen sogar Entsetzen bemerkte.

»Die *Esperance* ist nicht gefechtsklar!«, rief er seinen Männern mit beherrschter Stimme zu. »Kurs halten!«

»Aye, aye, Captain«, sagte Darby Mullins nach kaum merklichem Zögern.

Tom Bone starrte Kidd völlig verwirrt an und sprach aus, was vermutlich auch dem Steuermann durch den Kopf schoss: »Aber Captain … wir liegen mit der *Esperance* auf Kollisionskurs, mit Verlaub gesagt …! Wir werden sie rammen und dabei jeden verdammten Mast verlieren …! Das ist Selbstmord … mit Verlaub gesagt!«

»Kurs halten!«, wiederholte Kidd seinen Befehl unmissverständlich. Und dann fügte er beruhigend hinzu: »Es wird zu keinem Zusammenstoß kommen.«

Der Segelmacher kratzte sich nervös am Kinn. »Hölle und Verdammnis, es sieht mir aber ganz danach aus ...«

Darby Mullins grinste. Er schien inzwischen zu begreifen, was Kidd plante.

Deutlich war zu erkennen, wie die Franzosen sich fieberhaft bemühten, ihr Schiff gefechtsbereit zu machen. Es war ein Wettlauf mit der Zeit, Kidd wusste das nur zu gut. Er hätte schon jetzt Feuerbefehl geben können. Die 12-Pfünder konnten zwar die Distanz zur *Esperance* überwinden, würden beim Einschlag jedoch nicht die vernichtende Kraft besitzen, die notwendig war, um den Franzosen schon mit der ersten Breitseite den Atem zu nehmen.

Nein, er musste die erste Breitseite aufsparen, um gleich zu Beginn des Kampfes die erwünschte Wirkung zu erzielen. Das war das Risiko wert, das er mit seinem Warten einging. Denn wenn es den Franzosen gelang, ihre schwereren Geschütze noch rechtzeitig auszurennen und abzufeuern, würde die *Shark* in die Defensive geraten.

»Erst auf mein Kommando hin wird gefeuert!«, rief Kidd zum Geschützdeck hinüber. »Und ich will, dass die Salve einheitlich abgeht!«

Die Männer nickten stumm, die glimmenden Lunten in den Händen.

Die Sekunden dehnten sich wie Stunden. Dann betrug die Entfernung zwischen den beiden gegnerischen Schiffen, von denen keines den Kurs geändert hatte, nur noch drei Kabellängen.

Darby Mullins blickte starr geradeaus und hielt den

Kollisionskurs mit eisiger Ruhe. Er würde nicht eher das Ruder herumwerfen, bevor Kidd nicht den Befehl dazu gab. Und wenn die *Shark* mittschiffs in die *Esperance* jagen müsste.

Doch dann kam das für alle erlösende Kommando vom Achterdeck: »Ruder hart Steuerbord!«

Darby Mullins führte das Kommando aus. Er spürte den ungeheuren Druck auf das Ruder, als die Fregatte nun mit beachtlicher Geschwindigkeit herumschwang, sich stark überlegte und dann fast parallel zur *Esperance* durchs Wasser schnitt.

Hurrageschrei erhob sich unter Kidds Männern. Sie wussten, dass sie den Wettlauf gewonnen hatten. Die *Esperance* war noch nicht völlig gefechtsklar und präsentierte ihnen nun die völlig ungeschützte Steuerbordseite.

»Feuer!«, brüllte Kidd.

Die zehn 12-Pfünder an Backbord und die beiden Drehbassen, von denen je eine auf dem Vorschiff und auf dem Achterdeck montiert war, brüllten auf. Die Salve aus den zwölf Geschützen klang wie ein einziger ohrenbetäubender Donnerschlag und ließ die Fregatte erzittern. Der Rückstoß schleuderte die zehn auf Lafetten ruhenden Kanonen aus den Stückpforten. Sie rutschten etwa zwei Yards über das Deck, bevor sie von den starken Brooktauen aufgehalten wurden. Die *Shark* legte sich kurz nach Steuerbord über.

»Volltreffer!«, brüllte einer der Kanoniere.

Pulverqualm quoll aus den Rohren und trieb über das Deck. Und dann schlugen auch schon die schweren

Geschosse in die Steuerbordseite der *Esperance* ein. Die Wirkung war verheerend. Kurz vor dem Abschuss der Breitseite hatten die Franzosen ihre Kanonen ausgerannt. Während einige Kugeln in den Rumpf einschlugen und die Planken eindrückten, durchbrachen die anderen Geschosse die Reling, rissen vier feindliche Geschütze von den Lafetten und brachten den Tod über die Geschützbedienungen. Die Schreie der Verwundeten gellten zur *Shark* herüber.

Und dann krachten die noch intakten Kanonen der *Esperance*. Doch die Kugeln donnerten über das Deck der *Shark* hinweg, ohne nennenswerten Schaden anzurichten. Das Großsegel bekam einen Treffer und ein Teil der Takelage wurde aufgefetzt. Der gewaltige Einschlag der englischen Breitseite hatte die *Esperance* nach Backbord kippen lassen, sodass die Kanonen beim Abschuss viel zu hoch zielten.

Scottys Stimme übertönte den Gefechtslärm, als er den Geschützmannschaften zuschrie: »Ausputzen …! Nachladen …! Ziel erfassen …! Feuer!«

Und wieder wummerten die 12-Pfünder. Die Salve setzte zwei weitere feindliche Geschütze außer Gefecht und lichtete die Reihen der französischen Piraten. Holz barst und splitterte. Der Fockmast erhielt einen Volltreffer und knickte wie ein Streichholz weg. Spieren, Rahen und schwere Blöcke donnerten auf das Vorschiff und begruben zwei Männer unter sich.

»Teufel, die Breitseite lag richtig!«, rief Darby Mullins begeistert.

Tom Bone spuckte seinen Priem aus. »Sie werden noch

mehr Eisen zu schlucken bekommen«, erwiderte er und feuerte durch den dichten Qualm seine Muskete ab.

»Den Großmast…! Holt den Großmast herunter!«, rief Kidd mit klarer Stimme, während die Männer die Kanonen in fieberhafter Eile ausputzten, nachluden, wieder in Schussposition brachten und nach den glimmenden Lunten griffen.

Bevor die *Shark* jedoch dazu kam, ihre dritte Breitseite abzufeuern, brüllten die Geschütze der *Esperance* auf. Captain Kidd empfand einen beinahe körperlichen Schmerz, als die Kugeln sein Schiff trafen.

Eine Kugel durchschlug mittschiffs das Schanzkleid, heulte über Deck und rasierte einem Seemann das Bein unterhalb des rechten Knies so glatt ab, als hätte man es ihm mit einem scharfen Messer amputiert.

Kidd sah, wie der Mann zu Boden stürzte und mit fassungslosem Gesichtsausdruck auf seinen blutenden Beinstumpf starrte, als könne er nicht glauben, was seine Augen sahen. Noch fühlte er keinen Schmerz, dafür war der Schock zu groß. Aber der Schmerz würde bald einsetzen…

Kidd wandte sich ab. Er konnte dem Mann nicht helfen, das war Aufgabe anderer. Der Feldscher würde sich um ihn kümmern. Jeder Seemann, der auf einem Kaperoder gar regulären Kriegsschiff Dienst tat, musste damit rechnen, im Gefecht verstümmelt zu werden oder gar den Tod zu finden.

Die nächsten Geschosse der Franzosen jaulten heran und verwandelten die vordere Geschützmannschaft in ein Knäuel blutiger Leiber.

»Und segne, was du uns bescheret hast«, hörte Kidd neben sich Darby Mullins lästern. Mullins grinste schief. »Wer gibt, muss auch nehmen.«

»Aber Geben ist seliger denn Nehmen«, krächzte der Segelmacher. »Und dieses Gebot ist mir heilig … mit Verlaub gesagt!« Sprach's und feuerte seine Muskete erneut auf den Feind ab.

»Klar zum Einzelfeuer!«, befahl Kidd.

Es wurden nun keine Breitseiten mehr abgefeuert, sondern jeder Kanonier schoss, sobald er nachgeladen hatte und ins Ziel gegangen war.

So, als wäre er selbst nicht an diesem Gefecht beteiligt, beobachtete Captain Kidd das Kampfgeschehen vom Achterdeck aus und schätzte seine Chancen ab. Die *Esperance* war bereits übel zugerichtet. In der Steuerbordreling klafften riesige Löcher und das Vorschiff war ein einziges Chaos. Mehrere Männer versuchten dort, den Fockmast von Takelage und Rigg zu befreien, um ihn über Bord stoßen zu können. Zahlreiche Tote und Verwundete lagen auf dem Oberdeck in ihrem Blut.

Und dann erblickte Kidd seinen ganz persönlichen Gegner – Pierre d'Avernas. Der sieggewohnte französische Pirat rannte auf dem Achterdeck umher und brüllte seiner Mannschaft Befehle zu. D'Avernas war von kräftiger, eindrucksvoller Gestalt. Er trug eine schwarze, glänzende Hose und ein Kopftuch von grellgelber Farbe, unter dem sein volles, schwarzes Haar hervorquoll. Er schwang einen Säbel in der Rechten und schien außer sich vor Wut.

Captain Kidd überlegte kühl. Mit seinen wenigen noch einsatzbereiten Kanonen konnte der Franzose das Geschehen nicht mehr zu seinen Gunsten wenden, dafür hatten die ersten Breitseiten der *Shark* gesorgt. Aber die *Esperance* verfügte über eine zahlenmäßig starke Crew. Und somit war klar, was Pierre d'Avernas notgedrungen versuchen würde. Er wird den Befehl zum Entern geben, schoss es Kidd durch den Kopf. Das ist seine einzige Chance, das Kriegsglück zu wenden.

Und William Kidd behielt Recht mit seiner Vermutung. Pierre d'Avernas schrie einen scharfen Befehl und die Deckswache sprang zu den Brassen. Die *Esperance* luvte an, schwang herum und kam schnell näher.

»Noch eine Salve, Männer!«, rief Kidd zu Scotty hinunter und zog seine Klinge blank. »Und dann macht euch bereit, die Franzosen mit kühlem Stahl zu bedienen…! Sie werden zu entern versuchen!«

»Aye, aye, Captain!«, rief Scotty zurück und zustimmendes Gebrüll kam von den Männern. Ihre schweißnassen Gesichter waren vom Pulverqualm geschwärzt. Und kurz bevor die beiden Schiffe krachend Seite an Seite stießen, brüllten noch einmal die Geschütze der *Shark* auf.

Grelle Feuerlanzen rasten den Franzosen entgegen. Die Kugeln rissen das Deck an mehreren Stellen auf, zertrümmerten die Ladeluke und brachten den Tod. Eine Kanonenkugel bohrte sich in Kopfhöhe mit einem dumpfen Krachen in den Großmast. Ein hässliches Splittern folgte, und der Großmast begann nach Steuerbord zu stürzen, wurde aber auf etwa halber Höhe vom

Gewirr der Takelage gehalten. Doch es war nur eine Frage von Minuten, bis die Taue der ungeheuren Belastung nicht länger standhalten würden.

Die Franzosen wussten nun, dass ihr Schiff so gut wie manövrierunfähig geschossen war und dass ihre einzige Chance nur noch im Kampf, Mann gegen Mann, lag. Und schon verhakten sich die ersten Enterhaken hinter der Reling und dem Schanzkleid der *Shark*. Mit Furcht einflößendem Geschrei und hassverzerrten Gesichtern sprangen die Piraten hinüber auf die englische Fregatte. Der Angriff war wie eine mächtige Welle aus halb nackten, gänzenden Leibern. In den Händen der Männer blitzten Säbel, Entermesser und rasiermesserscharfe Dolche. Musketen krachten.

»Tod den Franzosen!«, schrie Kidd anfeuernd über das Kampfgetümmel hinweg und sprang vom Achterdeck hinunter, mitten unter seine Leute.

»Endlich kommt Leben in diese Froschfresser. Nur wird ihnen das auch nicht viel nützen«, knurrte Tom Bone abfällig und legte seine Muskete ohne Hast auf einen Franzosen an, der an einem Tau auf die *Shark* herüberschwang, das Entermesser zwischen den Zähnen. Der Segelmacher schien einen Volltreffer gelandet zu haben, denn der Franzose stürzte schreiend in einen Spalt zwischen den beiden Schiffen. Tom Bone lächelte zufrieden. Und obgleich niemand da war, der ihm hätte zuhören können, sagte er: »Kein übler Schuss, mit Verlaub gesagt.«

D'Avernas' Mannschaft kämpfte mit dem Mut der Verzweiflung und machte den Engländern schwer zu schaffen. Kidds Männer hatten den Sieg jedoch vor Augen und dachten nicht daran, ihn sich jetzt noch nehmen zu lassen. Sie wehrten den ersten heftigen Angriff ab, trieben die Franzosen zurück und gingen nun ihrerseits dazu über, die *Esperance* zu entern.

Captain Kidd gehörte mit zu den Ersten, die ihren Fuß auf das Deck des französischen Schiffes setzten. Zu seiner Rechten erblickte er den Geschützmeister, der aus der Takelage an Deck sprang. Scotty hielt in jeder Hand ein Entermesser mit langer, breiter Klinge, denn er gehörte zu den wenigen Männern, die mit beiden Händen gleichzeitig eine Klinge zu führen verstanden.

Mit Wucht drang er auf die Franzosen ein. Und während er den Angreifer zu seiner Linken in Schach hielt, versetzte er einem zweiten heranstürmenden Franzosen einen tödlichen Hieb, um sich dann blitzschnell dem Mann zu seiner Linken zu widmen.

Scotty führte seine breiten Klingen nicht elegant, sondern mit ungeheurer Wucht, als wollte er sich mit einer Machete einen Weg durch dichtes Unterholz bahnen. Er durchbrach die Deckung des Franzosen, rammte ihm das Entermesser bis zum Heft in den Leib und sprang dann sofort zurück. Mit einem erstickten Aufschrei stürzte der Mann auf die Planken. Doch sofort traten andere an die Stelle des Gefallenen.

Scotty war es recht. »Kommt nur, ihr Parfümheinis …! Ihr gottverdammten Süßwassersegler!«, schrie er ihnen entgegen. Und seine Stimme klang wie das Gebrüll eines gereizten Löwen. »Will sich jemand von euch meine Perle holen …? Du, Bursche! Da, hol sie dir!« Und damit schlug er den nächsten Mann zu Boden.

Die Franzosen wichen vor ihm zurück, doch damit war ihnen nicht geholfen. Scotty stürmte voran, zusammen mit einem Dutzend Kameraden.

In diesem unerbittlichen Kampf, Mann gegen Mann, wurde Gnade nicht erwartet und sie wurde auch nicht gewährt. Das furchtbare Gemetzel nahm seinen Lauf.

Captain Kidd stand seinen Männern in nichts nach. Ein mutiger Franzose sprang ihn aus der Takelage an. Kidd fühlte den brennenden Schmerz, als die gegnerische Klinge seinen Brustkorb haarscharf verfehlte und den Oberarm an der Innenseite aufritzte. Doch der Franzose hatte seine Chance verpasst und zahlte für den tollkühnen Angriff nun mit seinem Leben.

»Ein glatter Schnitt … mit Verlaub gesagt!«, lobte Tom Bone. Er feuerte fast unablässig aus zwei Musketen. Er hatte den Mund voll mit mindestens zwei Dutzend Kugeln und spuckte sie einfach in den Lauf der Waffen, wenn er nachlud. Das ersparte Zeit.

Kidd vergaß in der Erregung des heftigen Kampfes die geringfügige Wunde und den Schmerz. Zielstrebig bahnte er sich einen Weg nach achtern, wo sich Pierre d'Avernas am Niedergang tapfer verteidigte. Schon lagen zwei tote Engländer zu seinen Füßen.

Einen Moment lang war Kidd unaufmerksam gewesen, hatte zu dem berüchtigten französischen Piratencaptain hinübergeblickt. Und diesen Augenblick nutzte ein bulliger Franzose, der ein Enterbeil schwang.

Aus den Augenwinkeln sah Kidd den fürchterlichen

Hieb kommen. In einer Reflexbewegung riss er sein Entermesser schützend vor die Brust – nicht den Bruchteil einer Sekunde zu früh. Metall traf auf Metall. Das Enterbeil rutschte an der breiten Klinge entlang und krachte gegen den Handschild.

Kidd schrie auf, als die Wucht des Schlages ihm einen Schmerz durch den rechten Arm bis hoch in die Schulter jagte. Er hatte auf einmal keine Kraft mehr in seiner Rechten. Das Entermesser entglitt seiner Hand, während er rückwärts taumelte.

Ein triumphierendes Grinsen huschte über das Gesicht des Piraten, als er nachsetzte und mit dem Enterbeil zum tödlichen Hieb ausholte. Kidds Hand zuckte hinunter zu seinem Dolch im Gürtel, doch er wusste, dass er mit dem lächerlich kurzen Dolch keine Chance hatte, den Franzosen in Schach zu halten.

Den Tod schon vor Augen, hörte Kidd plötzlich ein sirrendes Geräusch direkt neben seinem rechten Ohr. Und im nächsten Augenblick bohrte sich die breite Klinge eines Segelmessers in die Brust seines enterbeilschwingenden Gegners. Lautlos und mit einem überraschten, ungläubigen Ausdruck auf dem Gesicht stürzte der Franzose wie ein gefällter Baum an Deck.

Kidd fuhr herum, um zu sehen, wer ihm so geistesgegenwärtig das Leben gerettet hatte. Es war der Steuermann Darby Mullins. »Seid Ihr verletzt, Captain?«

»Nicht der Rede wert«, antwortete Kidd und fing sein Entermesser auf, das Darby Mullins aufgehoben und ihm nun zugeworfen hatte. »Danke, Mullins. Später hättet Ihr nicht kommen dürfen.«

Der Steuermann lachte unbeschwert. »Nun wollt Ihr d'Avernas' Kopf, nicht wahr, Captain?«

»Richtig.«

»Ganz nach meinem Geschmack. Holen wir uns den Bastard!«, rief er begeistert.

William Kidd war insgeheim froh, Darby Mullins an seiner Seite zu haben. Seine rechte Hand schmerzte noch immer, er war jedoch nicht gewillt, Pierre d'Avernas einem anderen zu überlassen.

Der Captain der *Esperance* erblickte Kidd, bevor dieser sich ihm auf Klingenabstand genähert hatte. Mit einem eleganten Ausfallschritt erledigte er einen Engländer und wandte sich nun dem Mann zu, dem er dieses vernichtende Gefecht zu verdanken hatte. Mit der höhnischen Gebärde eines Höflings verbeugte er sich vor Kidd, führte seinen Degen wie vor einem Duell in Gesichtshöhe – und sprang dann wie eine Raubkatze dem verhassten Feind entgegen.

Captain Kidd parierte den Angriff und kreuzte mit d'Avernas die Klinge. Er spürte jeden Schlag bis hoch in die Schulter, ignorierte den Schmerz jedoch. Es ging jetzt um Leben und Tod und mit dem Tod ihres Anführers würde auch der Widerstand der Franzosen zusammenbrechen.

Doch Pierre d'Avernas war alles andere als ein leichter Gegner. Er erwies sich im Gegenteil als ausgezeichneter Degenfechter. Kidd hatte alle Mühe, seine Schläge zu parieren und die Finten früh genug zu erkennen. Es war allerdings beruhigend, dass Darby Mullins ihm den Rücken freihielt.

Minutenlang wogte der Kampf hin und her. Die Sonne brannte vom Himmel und der Schweiß lief ihnen über das Gesicht. Langsam wich Kidd zurück, bewegte sich mittschiffs. Lange würde er diesen erbittert geführten Zweikampf nicht mehr durchstehen. Er musste es mit einem Trick versuchen, Erschöpfung vortäuschen, was ihm auch gar nicht so schwer fiel, und seine Deckung bewusst vernachlässigen, um d'Avernas zu einem Ausfall zu verleiten. Und dann musste er, Kidd, alles auf eine Karte setzen…

Captain Kidd kam jedoch nicht mehr dazu, dieses Manöver auszuführen.

Hinter ihm schrie Darby Mullins plötzlich auf. »Captain…! Der Großmast…! Zurück!« Im gleichen Moment packte ihn der Steuermann an der Schulter und riss ihn zur Seite. Kidd stolperte, stürzte und rutschte auf dem leicht schräg geneigten Deck nach Steuerbord. Als er hochblickte, sah er über sich den Großmast, der unter lautem Bersten endgültig zur Seite wegknickte.

Auch Pierre d'Avernas bemerkte die Gefahr. Er versuchte, sich mit einem gewaltigen Satz in Sicherheit zu bringen. Doch direkt vor ihm krachte eine Rahe auf die Planken und fegte ihn von den Beinen. Als er sich wieder aufrichten wollte, traf ihn eine schwere Talje. Er warf noch die Arme hoch und blieb dann mit zerschmettertem Genick liegen.

Und damit war der Kampf vorbei.

»Pardon für diejenigen, die sich ergeben!«, rief Kidd den Franzosen zu, nachdem er sich von dem ersten Schreck erholt hatte. »Wer weiterkämpft, wird getötet!«

Die Franzosen zögerten nicht lange. Ihr Anführer lebte nicht mehr und das Schiff befand sich sowieso schon in der Gewalt der Engländer. Sie konnten das Kriegsglück nicht mehr wenden, höchstens den Tod finden.

Die Männer der *Esperance* ließen die Waffen fallen.

Ein Nachfolger für den Captain

Gedämpftes Sonnenlicht fiel durch das farbige Glas in die Heckkajüte, die Captain Kidd bewohnte. Kidd fühlte sich erschöpft, aber glücklich. Die Wunde an seinem Oberarm schmerzte, war aber nicht gefährlich. In ein, zwei Wochen würde sie verheilt sein.

Darby Mullins betrat den Raum.

»Nun?«, fragte Kidd.

»Wir haben alles unter Kontrolle, Captain«, meldete der Steuermann. »Wir haben die Franzosen in den Laderaum gesperrt und Wachen aufgestellt.«

»Wie groß sind die Schäden?«

»Wir sind glimpflich davongekommen. Zwei Treffer an Backbord, zum Glück jedoch oberhalb der Wasserlinie. Es wird nicht schwierig sein, die Planken zu ersetzen. Der Zimmermann hat sich schon an die Arbeit gemacht. Und die Schäden an Deck werden auch schnell behoben sein.«

»Und wie sieht es mit der *Esperance* aus?«, wollte Kidd wissen.

Darby Mullins verzog das Gesicht zu einem Lächeln. »Unsere Breitseiten haben sie übel zugerichtet. Fock- und Großmast sind hinüber. Der Rumpf hat auch einiges abbekommen. Drei schwere Lecks, doch das haben wir so gut wie unter Kontrolle. Wir haben die *Esperance* lahm geschossen und wir kriegen sie auch wieder dicht,

Captain. Die Männer haben ihr Blut für diesen Sieg gegeben, und jetzt werden sie alles tun, damit die Prise nicht vor ihren Augen in den Fluten versinkt.«

Kidd lachte. »Da mögt Ihr Recht haben.«

»Ich habe die Pumpen besetzen und Lecksegel über die klaffenden Löcher ziehen lassen«, fuhr Darby Mullins fort. Der Bootsmann, der normalerweise für diese Arbeiten verantwortlich war, war beim Entern von einem Säbelhieb tödlich getroffen worden. Deshalb beaufsichtigte Darby Mullins die Instandsetzungsarbeiten.

»In Ordnung.« Kidd erhob sich und ging mit dem Steuermann an Deck, um sich mit eigenen Augen vom Fortgang der Reparaturarbeiten zu überzeugen.

Er war mit dem, was er sah, äußerst zufrieden. Auf beiden Schiffen wurde hart gearbeitet. Während auf der *Shark* ein neues Großsegel angeschlagen und die beschädigte Takelage ausgebessert wurden, bemühte sich ein mehr als dreißigköpfiges Arbeitskommando auf der *Esperance* darum, das schwer angeschlagene Schiff wieder in einen seetüchtigen Zustand zu bringen.

»Eine stolze Prise«, bemerkte Darby Mullins, als Captain Kidd, in Gedanken versunken, an der Reling stand und die Aufräumungsarbeiten auf der *Esperance* verfolgte.

»Noch sind wir nicht im Hafen von New York.«

»Das ändert aber nichts an der Tatsache, dass dieser Sieg in der Heimat Aufsehen erregen wird«, erwiderte der Steuermann trocken. »Die *Esperance* verfügte über eine bedeutend größere Feuerkraft als die *Shark*. Sie war

35

ein gefährlicher Gegner – für jedes Schiff der britischen Kriegsflotte.«

Ein stolzes Lächeln huschte über Kidds Gesicht. »Richtig, Mullins. Eine großartige Leistung. Sehen wir also zu, dass wir so schnell wie möglich auf Heimatkurs gehen können. Wir haben unsere Schuldigkeit getan.«

»In vier Stunden können wir Segel setzen, Captain!«, versicherte Darby Mullins und sah zur *Esperance* hinüber, wo das Arbeitskommando einen Behelfsmast mit einem Notrigg aufrichtete.

Captain Kidd wollte zurück in die Kajüte, um das Seegefecht im Logbuch festzuhalten, wandte sich dann aber noch einmal zu Mullins um. »Stellt ein Prisenkommando für die *Esperance* zusammen. Und wählt Euch eine gute Mannschaft aus. Immerhin werdet Ihr mit ihnen die französische Fregatte nach New York bringen müssen.«

Der Steuermann sah ihn freudig überrascht an. »Ihr übertragt mir…«

»Richtig, ich übertrage Euch das Kommando über die Prise«, fiel Kidd ihm barsch ins Wort. Er gehörte nicht zu denjenigen, die ihre Dankbarkeit in tausend Worte kleiden. »Ihr seid der richtige Mann für solch eine Aufgabe. Und jetzt seht zu, dass die Arbeit getan ist, bevor es dämmert.«

»Aye, aye, Captain!«

Darby Mullins hatte nicht zu viel versprochen. Zwei Stunden vor Sonnenuntergang waren beide Schiffe bereit, die Heimfahrt anzutreten. Die Verbindungstaue wurden gelöst und Segel gesetzt. Kidd war erleichtert, als er spürte, wie die *Shark* Fahrt aufnahm und mit Steuerbordbug durch die sanften Wellen schnitt.

Es ging zurück nach New York.

Die Fahrt in die heimatlichen Gewässer verlief ohne Zwischenfälle und ohne weitere Feindberührung. Zwar sichtete der Ausguck der *Shark* zweimal Mastspitzen über der Kimm, doch die Schiffe kamen nicht in Sichtweite. Und so blieb die Frage »Freund oder Feind?« unbeantwortet.

Endlich kam die Küste von New England in Sicht. Bevor die beiden Schiffe jedoch in den Hafen von New York einliefen, ließ Captain Kidd der *Esperance* signalisieren, dass er Darby Mullins zu sprechen wünsche und an Bord der *Shark* erwarte. Daraufhin wurde auf der Prise ein Beiboot längsseits gefiert und zwei Matrosen pullten die Gig hinüber zur englischen Fregatte.

»Ihr habt Eure Sache gut gemacht, Mullins«, lobte Kidd seinen Steuermann, als dieser in die Kajüte trat.

»Danke, Captain.«

»Wie alt seid Ihr, Mullins?«, fragte Kidd scheinbar zusammenhanglos.

Der Steuermann zeigte sich von der Frage überrascht. »Ich müsste so achtundzwanzig sein, Captain.« Er lächelte entschuldigend. »Aber ganz genau kann ich Eure Frage nicht beantworten. Ich bin als Vollwaise aufgewachsen. Ich schätze, dass ich zwölf war, als ich als Schiffsjunge anheuerte.«

»Ihr habt eine Menge aus Euch gemacht«, sagte der

Captain anerkennend. Er wusste, dass Mullins sich Lesen, Schreiben und Rechnen selbst beigebracht hatte.

Darby Mullins wartete. Er spürte, dass Kidds Fragen einen tieferen Sinn hatten, konnte sich aber nicht vorstellen, welchen. Doch der Captain würde es schon zur Sprache bringen.

William Kidd blickte nachdenklich durch das farbige Glas seiner Kajütenfenster. Er sprach fast mehr zu sich selbst, als er wieder zu reden begann: »Ich schätze, dass ich meinen Anteil an diesem Krieg geleistet habe.«

»Einen verdammt guten Anteil, Captain!«, entfuhr es Darby Mullins stolz. Sie hatten insgesamt vier feindliche Schiffe aufgebracht, von denen die *Esperance* allerdings der fetteste Brocken war.

Kidd nickte. »Nur zu wahr, was Ihr da sagt, Mullins«, fuhr er fort. »Deshalb habe ich mich auch entschlossen, demnächst an Land zu bleiben. Vielleicht ist es Euch schon zu Ohren gekommen, dass ich mich zu verheiraten gedenke. Nun, das werde ich jetzt wohl tun. Es ist an der Zeit, dass ich eine Familie gründe und meinen anderen Geschäften in New York nachgehe.«

Enttäuschung zeichnete sich auf Darby Mullins' Gesicht ab. Er fand im ersten Moment keine Worte. »Ihr … Ihr zieht Euch zurück, Captain?«

»So ist es«, bestätigte Kidd. »Dies war meine letzte Kaperfahrt. Ich werde die *Shark* verkaufen und mir ein solides Handelsschiff zulegen.«

»Dann bleibt mir nichts anderes mehr zu tun übrig, als Euch viel Glück zu wünschen«, sagte der Steuermann betrübt.

»Ihr irrt!« Kidd lachte. »Da ich nicht mehr selbst auf Reisen gehe, brauche ich für mein neues Schiff einen fähigen Captain.«

»Ja, natürlich«, sagte der Steuermann. Er war mit seinen Gedanken offenbar nicht ganz bei der Sache.

»Hättet Ihr Interesse?«

Darby Mullins fuhr zusammen und sah Kidd ungläubig an. »Ihr bietet mir das Kommando über Euer Handelsschiff an?«

»Ich würde es nicht tun, wenn ich nicht der festen Überzeugung wäre, dass es bei Euch in den besten Händen ist. Was ist nun? Wollt Ihr?«, fragte Kidd fast knurrig.

»Tod und Teufel, und ob ich will!«, rief Mullins begeistert.

»Dann schlagt ein!«, sagte Kidd schmunzelnd und streckte ihm die Hand hin.

Darby Mullins ergriff sie und stammelte einige Worte des Dankes. Er konnte sein Glück kaum fassen. Und in diesem Moment schwor er sich, dass er für William Kidd notfalls durch die Hölle gehen würde. Er ahnte nicht, dass das später auch wirklich einmal sein Schicksal sein sollte.

★

William Kidd setzte seinen Entschluss umgehend in die Tat um. Er zog sich von der aktiven Seefahrt zurück, heiratete eine junge, reizende Engländerin und zog mit ihr in ein großes Backsteinhaus in Manhattan. Obwohl er schon vor der Heirat nicht gerade ein armer Mann gewesen war, so konnte er sich nun, das Vermögen seiner Frau hinzugerechnet, als reich bezeichnen. Und da er ein geschickter Kaufmann war, vermehrte er sein Vermögen in wenigen Jahren.

Bald war der berühmte ehemalige Kapercaptain einer der angesehensten Bürger der Kolonie New England. Zahlreiche Ehrenämter wurden ihm übertragen und zu seinen Vertrauten und Freunden zählten einflussreiche Männer wie der Gouverneur von New York.

Da er sich für Politik interessierte, verfolgte er natürlich auch mit wachsender Besorgnis, wie die Piratenplage in der Karibik, vor allem jedoch auf den Meeren des Ostens, immer bedrohlicher wurde und den gesamten Handelsverkehr stark in Mitleidenschaft zog. Die East India Company, die unter den Piraten besonders zu leiden hatte und viele Schiffe verlor, beschwor die britische Regierung wiederholt, endlich etwas gegen das Piratentum zu unternehmen. Aber da England wieder einmal mit Frankreich im Krieg lag, konnte die Kriegsmarine kaum Schiffe für diese im Augenblick fast nebensächliche Aufgabe abstellen. Und so vermochten die Piraten mehr oder weniger ungestört ihrem blutigen Handwerk auf den Meeren des Ostens nachzugehen.

Das war die Situation, als William Kidd sich 1695 zu einer Handelsfahrt nach England entschloss. Mit seiner Schaluppe *Antegoa* traf er im Sommer desselben Jahres in London ein. An Bord seines Schiffes befand sich neben Darby Mullins auch ein Teil der Crew, die mit ihm auf Kaperfahrt gewesen war: Scotty, Tom Bone und der glatzköpfige Koch Dick Cavern, der bei einem Enter-kampf zwei Finger seiner rechten Hand verloren hatte und seitdem den Spitznamen »Dreifinger-Dick« trug. Sie alle waren froh, wieder mit William Kidd zu fahren.

In London angekommen, sprach sich die Ankunft des ehemals gefürchteten Piratenjägers rasch herum. Kidd wurde zu den Gesellschaften der Oberschicht eingela-den und machte auch die Bekanntschaft des prominen-ten Colonels Robert Livingstone. Dieser unterbreitete ihm einen scheinbar grandiosen Plan, wie die Piraten-plage im Roten Meer erfolgreich zu bekämpfen und gleichzeitig ein ungeheuer profitables Geschäft zu ma-chen sei.

Und ehe Kidd es sich versah, wurde er Mittelpunkt dieses Plans, der von einflussreichen Politikern und so-gar vom König selbst für gut gehalten und unterstützt wurde. Der Strudel der Ereignisse riss Kidd mit sich fort. Es half auch nichts, dass er sich anfangs gegen eine Teilnahme an dem Unternehmen sträubte. Und so nahm das Schicksal seinen verhängnisvollen Lauf.

Gefährliche Mission im Roten Meer

Ein kalter Dezemberwind heulte zwischen den Werft-
anlagen von Deptford an der Themse, fegte über die
Docks und rüttelte an den Masten der Schiffe und an
den Stützgerüsten. Eine Kutsche kam eine der Zufahrts-
straßen herunter und hielt vor einem der Kais. Zwei
Männer, warm gekleidet, stiegen aus. Es waren William
Kidd und Darby Mullins.

Während der Fahrt hatten sie ein heftiges, wenn auch
freundliches Streitgespräch geführt. Und ihre Gesichter
waren nicht nur von der Kälte gerötet.

»Und ich bleibe dabei, dass es ein Fehler war, sich auf
diesen Plan einzulassen«, sagte Darby Mullins, während sie eilig einem herrlichen Dreimaster zustrebten,
der erst vor wenigen Tagen vom Stapel gelaufen war. Es
handelte sich um die *Adventure Galley*, die extra für
Kidds Mission im Roten Meer gebaut worden war.

»Das wird sich zeigen«, erwiderte Kidd trocken.

Darby Mullins verzog das Gesicht. »Die ganze Geschichte ist irgendwie faul. Fünf einflussreiche Politiker
und Geschäftsleute finanzieren diese Piratenjagd. Sie
lassen ein Schiff bauen und rüsten es aus. Und wie bei
einer Spekulation hoffen sie, dass die Beute, die wir den
Piraten im Roten Meer abnehmen sollen, ihnen einen
saftigen Gewinn einbringt. Aber nach außen hin tun sie
so, als würde es ihnen einzig und allein um die Bekämp-

fung der Piraten gehen. Und was ist, wenn wir nicht genug Beute machen?«

William Kidd seufzte. Mullins hatte da einen wunden Punkt berührt. »Dann werde ich jeden Penny aus eigener Tasche zurückzahlen müssen.«

»Sehr ehrenwerte Männer, das muss ich schon sagen«, knurrte Mullins verstimmt.

»Ihr seht zu schwarz.«

»Ich sehe, was ich sehe«, widersprach Mullins.

»Himmelherrgott, was hätte ich denn tun sollen? Der neue Gouverneur von New York, der Earl of Bellomont, der Generalfeldzeugmeister, der Bewahrer des Großsiegels, Sir John Somers, der Erste Lord der Admiralität und sogar der König – sie alle stehen hinter dieser Aktion.«

»Mächtige Leute«, sagte Mullins, doch es klang alles andere als bewundernd.

»Das ist wahr und sie haben ihre Macht auch gut ins Spiel gebracht.« Ein verbitterter Unterton schwang in Kidds Stimme mit. Anfangs hatte er sich gleichsam mit Händen und Füßen dagegen gewehrt, diese Mission zu übernehmen. Doch die Herren hatten es erst mit Schmeicheleien und schließlich auch mit angedeuteten Drohungen versucht. Und wie hätte er sich daraufhin anders entscheiden sollen? Diese fünf Männer waren in der Lage, ihn zu vernichten, und das hatten sie ihm auch deutlich zu verstehen gegeben.

»Wenn Ihr meine Meinung wissen wollt…«, begann Mullins.

»Ihr werdet sie ja sowieso sagen«, meinte Kidd.

»… so war das nichts anderes als Erpressung!«

»Mein Gott, Mullins! Ich gebe zu, dass mir die Art dieses Unternehmens nicht sehr gefällt. Aber jetzt seht doch auch mal die guten Seiten.«

»Das einzig Gute an dieser Säuberungsaktion ist das Schiff, die *Adventure Galley*.«

»Das will ich wohl meinen.« Stolz schwang nun in Kidds Stimme mit. »Es ist das modernste Kampfschiff, das je vom Stapel gelaufen ist. Seht Euch doch nur mal den Rumpf und die Takelage an. Mit vollen Segeln läuft sie gut vierzehn Knoten! Und bei Windstille liegen wir auch nicht fest. Das Schiff verfügt über sechsundvierzig Riemen, und wenn die Männer sich ins Zeug legen, sind immerhin noch drei Knoten drin.«

»Ich sagte ja bereits, das Schiff gefällt mir natürlich.«

Kidd war in seiner Begeisterung nicht zu stoppen. »Und die Bewaffnung! Vierunddreißig schwere Geschütze! 12-Pfünder! Da brauchen wir keine Piraten zu fürchten. Ich bin sicher, dass wir mit einem derart hervorragenden Schiff eine sehr gute Chance haben, mit reicher Beute nach Hause zu kommen.«

Mullins zog die Augenbrauen hoch. »Aber was ist mit dem Verteilerschlüssel, Captain? Mir ist noch nie zu Ohren gekommen, dass die Beute so aufgeteilt worden ist, wie es in Eurem Vertrag mit den Geldgebern vorgesehen ist. Zehn Prozent für den König, das ist korrekt. Ihr selbst erhaltet nur siebeneinhalb, und für die Mannschaft bleiben nur lächerliche fünfundzwanzig Prozent, weil diese fünf Spekulanten sechzig Prozent für sich beanspruchen. Das kann Ärger geben.«

Darby Mullins hatte Recht. In einem Kaperabkommen, das zwischen Mannschaft und Captain geschlossen wurde, stand der Crew normalerweise ein Anteil von sechzig Prozent der Beute zu. In Anbetracht der Tatsache, dass die Seeleute keine Heuer erhielten, waren fünfundzwanzig Prozent wirklich reichlich wenig. Das konnte nur durch mehr Beute wettgemacht werden.

»Was soll all das Gerede?«, sagte Kidd nun verstimmt, weil es wirklich einige Dinge gab, die auch ihm nicht schmeckten. Doch er musste sich fügen. »Der König persönlich hat mir einen Kaperbrief ausgestellt. Wir dürfen Jagd auf Franzosen und Piraten machen – und das werden wir auch.« Und nach einer Pause fügte er hinzu: »Selbstverständlich steht es Euch frei, an dieser Fahrt nicht teilzunehmen, Mullins. Ich würde das sogar gut verstehen. Immerhin wart Ihr Captain. Doch auf der *Adventure Galley* muss ich das Kommando führen.«

Darby Mullins sah ihn fast empört an. »Kommt gar nicht in Frage, Captain. Ich fahre auf der *Adventure Galley* als Steuermann und dabei bleibt es. Immerhin habe ich die Crew persönlich ausgesucht. Es sind ausnahmslos hervorragende Leute. Fast alle verheiratet, keine Trunkenbolde und üble Elemente. Auf diese Männer ist Verlass.«

Kidd nickte zufrieden. »Gut, wenden wir uns nun den Dingen zu, die in unserer Macht stehen. Inspizieren wir das Schiff. Es gibt noch eine Menge zu tun. In wenigen Monaten werden wir auslaufen.«

»Aye, aye, Captain!«

Die neue Mannschaft

Eine frische Märzbrise blähte die Segel der *Adventure Galley*. Der stolze Dreimaster glitt die Themse hinunter, strebte der offenen See zu. Die Matrosen arbeiteten in der Takelage und befanden sich in einer fast übermütigen Stimmung. Endlich ging es los! Die Piratenjagd konnte beginnen!

Während der Bootsmann, ein munterer Bursche namens Jack Tucker, die Arbeiten an Deck beaufsichtigte, hielt Captain Kidd in seiner geräumigen Prunkkajüte unter dem Achterdeck eine Besprechung mit seinen Offizieren ab. Die *Adventure Galley* war ja sozusagen ein Kriegsschiff. An dieser Unterredung nahm auch Darby Mullins teil.

Vermutlich wäre alles anders verlaufen, wenn diese Besprechung nur zehn Minuten früher zu Ende gewesen wäre. Oder wenn nur einer dieser erfahrenen Männer in jenem Moment an Deck gewesen wäre, als jene fast unverzeihliche Unterlassungssünde geschah...

Die *Adventure Galley* hatte Greenwich erreicht und rauschte an einer Yacht der Königlichen Marine vorbei, ohne zu grüßen, wie es der Brauch verlangte.

Jack Tucker, der mit dem Schiffszimmermann in ein Gespräch über die Londoner Hafenkneipen vertieft war, übersah die Yacht. Und niemand machte ihn darauf aufmerksam.

Plötzlich krachte ein Kanonenschuss.

Der wachhabende Offizier der Yacht hatte einen Schuss abfeuern lassen, um die *Adventure Galley* dazu zu bringen, einem Schiff des Königs die nötige Ehrerbietung zu erweisen.

William Kidd stürmte aus der Kajüte an Deck, gefolgt von seinen Offizieren und Darby Mullins. »Bootsmann, was hat das zu bedeuten?«, rief er.

Bevor Jack Tucker die Situation erfasste und Meldung erstatten konnte, geschah es. Die Matrosen hoch oben auf den Rahen wandten der Marineyacht ihr Gesäß zu und klatschten sich verächtlich auf den Hintern.

Diese unverschämte Geste war nicht zu übersehen.

Captain Kidd war im ersten Augenblick sprachlos. Dann aber machte er seinem Zorn über diese unverzeihliche Dummheit seiner Männer Luft. Seine scharfen Befehle hallten über das Deck. Der Erste Offizier sorgte auf Kidds Anweisung dafür, dass die Yacht der Königlichen Marine den üblichen Gruß erhielt. Aber ob das nach dieser unverschämten Darbietung der Matrosen noch etwas half, wagte er zu bezweifeln.

»Ihr hirnverbrannten Idioten!«, brüllte Kidd die Matrosen an, die auf seinen Befehl hin in Windeseile abgeentert waren und mittschiffs Aufstellung genommen hatten. Der Captain gab sich keine Mühe, seine Wut zu verbergen. »Ihr glaubt doch wohl nicht im Ernst, dass sich die Offiziere des Kriegsschiffs von euch ungestraft beleidigen lassen, oder?«

Betroffenes Schweigen.

Dem Bootsmann brach der Schweiß aus. Er ahnte,

dass er für seine Unachtsamkeit zur Rechenschaft gezogen werden würde. Und er verstand selbst nicht, wie ihm ein derartiger Fehler hatte unterlaufen können.

Captain Kidd tobte, seine Männer hatten ihn noch nie so erregt gesehen. »Das war eine bodenlose Unverschämtheit! Ist der Teufel in euch gefahren, ihr hirnlosen Affen? Und ich dachte, eine erfahrene Crew an Bord zu haben …! Zehn Peitschenhiebe für jeden Toppmatrosen …! Wilson, sorgen Sie für die Ausführung der Strafe, sowie wir den Kanal erreicht haben!«

Ted Wilson, der Erste Offizier, nahm Haltung an. »Aye, aye, Sir!«

Captain Kidd ließ nun den Bootsmann Jack Tucker vortreten. »Was habt Ihr zu Eurer Entschuldigung vorzubringen, Tucker?«, fragte er scharf.

Jack Tucker schluckte schwer. Es gab keine Entschuldigung und das wusste er. So sagte er: »Nichts, Captain. So etwas ist mir als Bootsmann noch nie unterlaufen.«

Kidd musterte ihn kalt. Tucker war ein guter Mann, ohne Zweifel. Doch in diesem Fall musste er hart durchgreifen, wenn er seine Autorität und die Disziplin an Bord bewahren wollte.

»Ihr werdet keine Gelegenheit erhalten, einen solchen Fehler oder einen ähnlichen noch einmal zu begehen, Tucker. Ich degradiere Euch! Betrachtet Euch von jetzt an als einfacher Matrose!«

Jack Tucker wurde bleich, doch sonst regte sich in seinem Gesicht kein Muskel. »Aye, aye, Sir!« Seine Stimme hatte einen belegten Klang.

»Wegtreten!«, befahl Kidd.

Darby Mullins folgte dem Captain aufs Achterdeck. »War das nicht ein wenig zu hart, Captain? Tucker ist ein tüchtiger Bootsmann…«

»So tüchtig, dass er vermutlich einen nicht wieder gutzumachenden Schaden angerichtet hat«, unterbrach Kidd ihn gereizt. »Scotty wird seinen Posten übernehmen. Später kann Tucker sich bewähren. Im Kampf.«

Darby Mullins nickte.

William Kidd starrte mit düsterem Blick ins Kielwasser. »Der Teufel soll mich und das Schiff holen, wenn das nicht noch ein böses Nachspiel haben wird«, murmelte er ahnungsvoll.

Captain Kidd behielt mit seiner Vermutung Recht. Wenige Stunden später näherte sich der *Adventure Galley* eine schnelle Schaluppe, die unter Vollzeug segelte. Kidd krampfte sich der Magen zusammen, als er an Deck der Schaluppe Offiziere und Soldaten der Marine erblickte.

Die *Adventure Galley* erhielt den Befehl beizudrehen. Mit knirschenden Zähnen gehorchte Captain Kidd. Hatte er es doch geahnt! Als Vergeltung für die Unverschämtheit seiner Männer war ihm eine Presspatrouille nachgeschickt worden.

Die Schaluppe kam längsseits.

Die Mannschaft der *Adventure Galley* wusste sofort, was sie erwartete. In Kriegszeiten war es den Kommandanten von Kriegsschiffen erlaubt, Seeleute von Handelsschiffen gegen ihren Willen zum Dienst auf ihrem Schiff zu pressen. Manchmal »tauschten« sie den Abschaum ihrer Mannschaft, Säufer, Schläger und Aufsässige, gegen kräftige und zuverlässige Seeleute ein. Jedes Handelsschiff fürchtete diese Presskommandos.

Scotty dachte nicht daran, auf sein Glück zu vertrauen. Als er die Schaluppe erblickte und sah, wie sich zwei Offiziere mit zehn schwer bewaffneten Soldaten anschickten, an Bord der *Adventure Galley* zu kommen, lief er zu Dreifinger-Dick in die Kombüse.

»Ein Presskommando kommt an Bord!«, stieß er grimmig hervor.

Der glatzköpfige Koch ließ einen lästerlichen Fluch los. »Diese Hunde sind nicht besser als Piraten! Sie nehmen sich das Beste, was ein Schiff hat – eine gute Mannschaft. Wir sollten gleich mal unsere Feuerkraft ausprobieren und sie mit einer gepfefferten Breitseite empfangen.«

»Hör auf zu quatschen«, unterbrach Scotty ihn. »Ich brauche Branntwein.«

Dreifinger-Dick sah ihn verständnislos an. »Branntwein?«

»Zum Teufel, ja!«, drängte Scotty. »Wenn mich einer der Offiziere zu Gesicht bekommt, bin ich reif. Aber wenn ich drei Meilen gegen den Wind nach Branntwein stinke, überlegen sich's die Mistkerle vielleicht. Säufer sind auf Kriegsschiffen nicht allzu beliebt.«

Dreifinger-Dick grinste nun verständnisvoll und brachte im Handumdrehen eine Flasche zum Vorschein, die schnell entkorkt war.

»Was für dich gut ist, wird auch mir nicht schaden«, sagte der Koch, setzte die Flasche an die Lippen und trank hastig.

»Gib schon her!« Scotty nahm vier große Schlucke und behielt am Schluss den Mund voll Branntwein. Und in dem Moment kam schon der Befehl: »Alle Mann an Deck!«

Murrend und widerstrebend nahmen die Matrosen der *Adventure Galley* auf dem Oberdeck Aufstellung, während die zehn Soldaten mit ihren Musketen und aufgepflanzten Bajonetten vor dem Aufgang zum Achterdeck Posten bezogen.

Der Hauptmann hatte sich indessen zu Captain Kidd auf das Achterdeck begeben. Es gab nicht viel zu sagen. Kidd musste sich fügen.

»Der Krieg verlangt von uns allen Opfer«, bemerkte der Hauptmann spöttisch, als Kidd der Form halber protestierte. »Ich bin über Eure Mission unterrichtet, Captain. Aber vermutlich werdet Ihr zustimmen, dass der vaterländische Kampf gegen unsere Feinde, die Franzosen, Vorrang genießt.«

»Den Teufel werde ich!«, fauchte Kidd. »Nun, worauf wartet Ihr noch?«

Der Hauptmann lächelte überheblich, nickte und wandte sich seinem Leutnant zu, der unten an Deck bei den Soldaten stand. »Fangt an, Bradler, Ihr wisst, was Ihr zu tun habt.« Und mit erhobener Stimme, sodass ihn jeder an Deck gut verstehen konnte, fügte er hinzu: »Wer unseren Befehlen nicht folgt, hat mit schweren Strafen zu rechnen. Es herrscht Kriegsrecht!«

Der junge Leutnant schritt nun langsam die Reihen ab und prüfte die Männer genau auf ihre Tauglichkeit für den Dienst an Bord eines Kriegsschiffes. Fand er ein taugliches Opfer, deutete er mit dem Finger auf ihn und befahl barsch: »Vortreten!«

Der Segelmacher Tom Bone grinste ihn breit an, zeigte ihm sein fast zahnloses Gebiss und sah ihn mit einem dümmlichen Blick an. Der Leutnant schritt an ihm vorbei und wählte den Mann neben Tom Bone aus.

Als er zu Scotty kam, deutete er automatisch auf den kräftigen Mann. Doch dann schlug ihm der Branntweinatem des Mannes entgegen. Angewidert verzog er das Gesicht.

»Zurücktreten!«, herrschte er Scotty an.

»Wie Herr Leutnant befehlen«, murmelte Scotty leicht lallend. Auch Dreifinger-Dick blieb verschont.

Nach einer knappen halben Stunde hatte der Leutnant an die fünfzig Mann der achtzigköpfigen Besatzung ausgewählt. Mittlerweile ging ein zorniges Raunen durch die Reihen der gepressten Seeleute.

»Das können sie mit uns nicht machen!«, schrie plötzlich jemand.

»Warum lassen wir uns das gefallen?«, ertönte es.

Und ein Dritter schlug wutentbrannt vor: »Zur Hölle mit den Waffenröcken. Schmeißen wir sie über Bord, Männer!« Es kam Bewegung in die Matrosen. So manch einer griff zu seinem Segelmesser.

Der Hauptmann schrie einen Befehl, die Soldaten rissen ihre Musketen hoch und richteten sie auf die Matrosen, den Finger am Abzug.

»Versucht es nur!«, rief der Hauptmann den aufgebrachten Seeleuten zu. »Wenn euch eine Kugel lieber ist, fangt an!«

Fluchend wichen die Matrosen zurück. Und einer nach dem anderen folgte nun dem Befehl des Leutnants und kletterte über das Fallreep zur Schaluppe hinunter.

»Ihr könnt unmöglich fünfzig Mann pressen!«, sagte Kidd entrüstet zum Hauptmann. »Die restlichen Matrosen reichen bei weitem nicht aus, um das Schiff zu manövrieren. Ich werde mich beschweren. Ich bin im Besitz von königlichen Vollmachten! Das wir Euch Eure Karriere kosten!«

Der Hauptmann blieb gelassen und zog die Augenbrauen hoch. »So, meint Ihr, Captain? Nun, mit diesem Einwand von Euch habe ich gerechnet. Aber keine Sorge. Ihr erhaltet von uns Ersatz für Eure Männer. Bradler, schickt die Männer hoch, die wir für Captain Kidd ausgesucht haben!«

Kidd zitterte vor Wut, als er wenig später sah, was für einen pöbelhaften Haufen der Hauptmann ihm mitgebracht hatte. Es waren fast ohne Ausnahme wüste, zerlumpte Gestalten. Entweder waren sie für den harten Militärdienst untauglich oder aber sie hatten sich durch Aufsässigkeit, Trunkenheit und andere negative Eigenschaften wiederholt »ausgezeichnet«.

Darby Mullins erschrak nicht minder, als er die Ersatzleute sah. »Der Himmel stehe uns bei, wenn wir mit diesen Kerlen Piratenjagd machen sollen. Das ist ja der Abschaum der Londoner Seeleute!«

»Gute Fahrt, Captain!«, verabschiedete sich der Hauptmann zynisch. »Ich schätze, Ihr werdet Eure Freude an den Männern haben!«

»Die Pest über dich!«, fluchte William Kidd, als der Offizier außer Hörweite war.

Während die Schaluppe von der *Adventure Galley* ablegte und sich der zerlumpte Haufen mit dreisten Blicken an Deck umsah, trat plötzlich ein gedrungener Mann vor. Er trug sein pechschwarzes Haar im Nacken als einen geteerten und geflochtenen Zopf. Über dem rechten Auge saß eine Klappe von gleichfalls schwarzer Farbe, auf der ein kleiner Totenkopf aus goldfarbenen Fäden eingestickt war. Er musste einmal die Pocken gehabt haben, denn sein knochiges Gesicht war von zahlreichen Narben übersät. Doch zwei fingerlange Narben, am Kinn und auf der rechten Wange direkt unter der Augenklappe, rührten mit Sicherheit von Messerstechereien her. Man sah ihm auf den ersten Blick an, dass er ein übler Bursche war.

»Captain!«, rief er zum Achterdeck hoch. »Erlaubt Ihr demütigst eine Frage?« Von Demut war in seiner rauen Stimme jedoch nichts zu vernehmen.

»Wie ist dein Name?«, fragte Kidd zurück.

»Jonathan Marvin Pickwick«, antwortete er und deutete eine Verbeugung an. »Meine Freunde aber nennen mich Totenkopf, wegen meiner Augenklappe. Verlor mein rechtes Auge in einem ehrenvollen Kampf. Stets zu Euren Diensten, Captain!«

William Kidd hatte den Eindruck, als wollte der Kerl sich über ihn lustig machen. Aber mit Sicherheit vermochte er das nicht zu sagen. Und so zwang er sich, kein vorschnelles Urteil über diesen Mann zu fällen.

»Ich glaube nicht, dass mir dein Totenkopf gefällt, Pickwick!«

Totenkopf lächelte gewinnend. »Es gibt sieben Meere auf Gottes Erde, Captain, und alle sind verschieden. So verhält es sich vermutlich auch mit dem Geschmack, wenn Ihr mir diese Bemerkung erlaubt.«

Leises Gelächter unter den neuen Seeleuten folgte auf Totenkopfs Worte.

»Dem mag so sein«, erwiderte Kidd unwillig. »Aber nun zur Sache. Was willst du fragen?«

»Es ist die Rede davon, dass die *Adventure Galley* auf Piratenjagd geht, Captain«, sagte Totenkopf scheinbar unterwürfig. »Und da scheint es mir von Interesse zu sein, wie hoch der Beuteanteil der Mannschaft ist.«

»Das wirst du noch früh genug erfahren, Pickwick!«

Totenkopf nickte lächelnd, doch in seinem gesunden Auge stand ein kaltes Glitzern. »Natürlich, Captain. Stets zu Euren Diensten.«

»Das wird sich noch zeigen«, entgegnete Kidd kühl und wandte sich an Ted Wilson, den Ersten Offizier der *Adventure Galley*. »Stellt sofort fest, wie die Neuen am besten einzuteilen sind, Wilson. Und dann erstattet mir Meldung.«

»Aye, aye, Captain.« Und mit grimmigem Gesichtsausdruck fügte Ted Wilson hinzu: »Ein übler Haufen, wenn Ihr mir diese Bemerkung gestattet.«

»Da sprecht Ihr mir aus der Seele«, sagte Kidd. »Es wird nicht leicht sein, aus ihnen eine anständige Mannschaft zu formen. Aber was bleibt uns anderes übrig, Wilson? Nehmt sie hart ran und haltet ein Auge auf diesen Pickwick. Der Bursche gefällt mir nicht. Ganz und gar nicht.«

Ted Wilson konnte dem Captain nur zustimmen.

»In New York werde ich mich um neue, zuverlässige Männer kümmern. Bis dahin müssen wir mit ihnen auskommen«, sagte William Kidd abschließend.

Die *Adventure Galley* segelte nicht auf direktem Kurs in den Indischen Ozean. Die Reise ging über New York. Das war unumgänglich. Kidd wollte einen Abschiedsbesuch in seiner Heimat machen und für die Zeit seiner Abwesenheit seine dortigen Geschäfte in Ordnung bringen. Außerdem wollte er den Rest der Hundertfünfzigmannbesatzung in New York auffüllen. Nach dieser Presspatrouille war das nun notwendiger denn je.

Während Ted Wilson die neuen Seeleute musterte, beobachtete Kidd vom Achterdeck aus Jonathan Marvin Pickwick. Und er hatte das ungute Gefühl, dass dieser Mann ihm noch eine Menge Ärger bereiten würde. Er hoffte sehr, dass sein Gefühl ihn trog. Aber er glaubte nicht wirklich daran.

Und zum ersten Mal überfiel Kidd die beklemmende Ahnung, dass diese Fahrt vielleicht unter einem schlechten Stern stand und sie unter der Flagge des Bösen segelten …

Unfrieden an Bord

Es war ein heißer Nachmittag im Juli 1696. Die *Adventure Galley* lag im Hafen von New York vertäut und ein Großteil der Mannschaft war von Bord gegangen. So auch Captain Kidd mit seinen Offizieren.

Auf dem Vorschiff saßen fünf Männer im Schatten einer Segeltuchplane. Eine Flasche Branntwein machte die Runde unter den Männern, die sich um Totenkopf geschart hatten.

»Der Teufel soll mich holen, wenn diese Fahrt auch nur halbwegs nach meinem Geschmack ist«, sagte Charles Langdon, ein schmächtiger Bursche mit scharf geschnittenen Gesichtszügen und eng zusammenstehenden Augen.

»Was passt dir denn nicht, Charly?«, fragte Totenkopf.

»Mir gefällt nicht, dass wir Piratenschiffe aufbringen sollen«, knurrte Charly. »Und noch weniger gefällt mir, dass wir unseren Kopf für lumpige fünfundzwanzig Prozent hinhalten sollen.«

»Charly hat Recht. Uns stehen mindestens fünfzig Prozent zu, wenn nicht noch mehr«, sagte nun William Moore, ein streitlustiger Mann. Da er eine Menge von Geschützen verstand, war er Geschützmeister geworden, nachdem der Captain Scotty zum Bootsmann gemacht hatte.

»Die Hälfte der Beute steht der Mannschaft zu«, stimmte ihm der vierte Mann in der Runde zu. »Das ist auf allen Kaperschiffen so.«

»Wir werden schon unseren Anteil bekommen«, sagte Totenkopf und nahm Charly die Branntweinflasche ab. »Der Alte wird gar nicht drum herumkommen, verlasst euch drauf.«

»Ich weiß nicht«, sagte Charly skeptisch. »Vielleicht sollten wir uns absetzen, solange die Gelegenheit günstig ist.«

»Was Blöderes könntest du gar nicht tun«, sagte Totenkopf abfällig. »Aber niemand hält dich, Charly. Schmeiß dein Glück nur weg.«

Charly Langdon glotzte Totenkopf verständnislos an. Er bewunderte Pickwick, der seinen Kopf zu gebrauchen wusste und um eine Antwort nie verlegen war. Totenkopf hatte sich innerhalb kürzester Zeit nicht nur Respekt mit seinem Messer verschafft, sondern auch eine treue Anhängerschaft um sich geschart. Ein Großteil der Matrosen akzeptierte ihn uneingeschränkt als Anführer und Wortführer. Was Totenkopf sagte, hatte Gewicht. Nur wurde man manchmal nicht schlau aus ihm. Und so erging es jetzt Charly Langdon und auch den drei anderen.

William Moore sah ihn von der Seite an. »Du hast doch irgendetwas auf der Pfanne, Totenkopf. Es klingt, als hättest du einen Plan.«

Totenkopf machte eine unwillige Handbewegung. »Von Plan kann nicht die Rede sein. Ich sehe nur die Tatsachen. Und Tatsache ist, dass die *Adventure Galley* ein verteufelt gutes Schiff ist. Das linke Auge soll mir ausfallen, wenn es nicht so ist.«

Der Geschützmeister nickte und sagte nach einem gewaltigen Rülpser: »Bei allem, was recht ist, es ist ein fabelhaftes Schiff. Es liegt gut im Wasser und schnell ist es auch.«

»Vor allem ist es mit Kanonen gut bestückt«, fuhr Totenkopf nun fort und lächelte hinterhältig. »Mit diesem Schiff lässt sich Beute machen, das ist so sicher wie das Amen der Pfaffen. Und ich sage euch, wir werden Beute machen … auf die eine oder andere Weise.«

William Moore sah ihn scharf an. »Willst du damit sagen, dass wir nicht unbedingt Jagd auf Piraten machen werden, sondern …«

Totenkopf schnitt ihm das Wort ab. »Ich sage überhaupt nichts! Mich verlangt es nicht nach dem Strick, William. Ich bin nur ein einfacher Seemann, der sich so seine Gedanken macht.« Und dabei verzog er das Gesicht zu einem gemeinen Grinsen, das seine Worte Lügen strafte.

William Moore glaubte begriffen zu haben. »Und was geht dir so durch den Kopf?«

»Ich bin dafür, das wir dem Alten eine faire Chance einräumen«, sagte Totenkopf mit gedämpfter Stimme. »Soll er beweisen, dass er ein guter Kapercaptain ist. Und was unseren Anteil angeht, so werden wir schon eine Regelung finden.«

»Und was ist, wenn Kidd glücklos ist?«, fragte Charly vorsichtig.

Totenkopf sagte einen Augenblick nichts. Seine Augen

blickten kalt von einem zum anderen. Und dann sagte er langsam: »Dieses Schiff läuft aus, um Beute zu machen, Freunde. Und dieses Schiff wird Beute machen… notfalls auch ohne den Schutz des Königs. Das ist meine bescheidene Meinung!«

William Moore lachte verschwörerisch. Totenkopf war ein Teufelskerl und aus dem richtigen Holz geschnitzt. Indirekt hatte er soeben deutlich zum Ausdruck gebracht, dass er entschlossen war, notfalls die Fronten zu wechseln und unter der Piratenflagge zu segeln. Und es musste schon mit dem Teufel zugehen, wenn das nicht den meisten von ihnen recht war.

Totenkopf wusste, dass er soeben den Vorschlag gemacht hatte, gegebenenfalls zu meutern und das Schiff in ihre Gewalt zu bringen. Auf Anstiftung zur Meuterei stand der Galgen. Deshalb wollte er dieses Thema im Augenblick nicht weiter erörtern. Es genügte, dass seine Freunde sich Gedanken darüber machten. Und mit der Zeit würde sich schon zeigen, welche Schritte notwendig waren.

Es war dunkel geworden. Totenkopf schleuderte die leere Branntweinflasche über Bord. »Vergessen wir die Sache für heute«, sagte er abschließend. »Es gibt Wichtigeres zu überlegen, nämlich, wie wir zu ein paar weiteren Flaschen Branntwein kommen. Ich will verdammt sein, wenn ich mich mit dieser einen Buddel begnüge.«

Zustimmendes Gelächter erhob sich auf dem Vorschiff.

»Ich hab nicht einen Penny mehr in der Tasche«, fluchte Charly. Den anderen erging es nicht anders. Seit

Wochen lagen sie nun schon im Hafen von New York, wo Kidd sich mit geringem Erfolg um weitere Matrosen bemühte. Und während der vergangenen Wochen hatten die Männer in den Kneipen und Freudenhäusern jeden Penny ausgegeben.

»Warum bedienen wir uns nicht von den Vorräten hier an Bord?«, schlug Totenkopf vor. »Ich weiß, wo Dreifinger-Dick, dieser elende Suppenpanscher, Branntwein in der Kombüse verschlossen hält.«

»Kein übler Vorschlag«, sagte William Moore zögernd. »Nur, wenn man uns erwischt…«

»Wenn du Angst hast, bleib, wo du bist«, knurrte Totenkopf verächtlich. »Notfalls schaffe ich das auch alleine.«

Charly Langdon sah eine günstige Gelegenheit, sich bei Totenkopf in ein gutes Licht zu stellen. Außerdem war ihm der Branntwein schon zu Kopf gestiegen. »Auf mich kannst du zählen, Totenkopf. Ich bin dabei.«

»Dann lass uns Kurs auf die Kombüse nehmen.«

Die beiden Männer erhoben sich. Niemand war auf dem Deck zu sehen. Nur aus der Niedergangsluke achtern drang ein schwacher Lichtschimmer. Es war ruhig.

Lautlos schlichen Totenkopf und Charly zum vorderen Niedergang und glitten die Stufen hinunter. Am Fuß der Treppe blieben sie einen Augenblick abwartend stehen, lauschten in die Dunkelheit des Ganges und warteten, bis sich ihre Augen an die Finsternis gewöhnt hatten. Dann gingen sie vorsichtig weiter in Richtung Kombüse.

Totenkopf übernahm die Führung. In der Kombüse

angekommen, glitt er lautlos an der schweren, gemauerten Herdstelle mit den blitzsauberen Töpfen und Pfannen vorbei. Zielsicher strebte er im Dunkeln auf einen der Schränke zu. Er zog sein Segelmesser aus der Scheide am Gürtel und setzte es in die Ritze zwischen Tür und Rahmen, direkt unterhalb des Schlosses, das zum Glück für starke Belastungen nicht gebaut war.

»Geht es nicht?«, wisperte Charly und hatte Mühe, seine Nervosität zu unterdrücken.

»Verdammt, ich kann doch nicht zaubern!«, zischte Totenkopf. »Außerdem will ich hier keinen Krach schlagen. Ah, jetzt gibt das Schloss nach… ich fühle es genau.«

Im nächsten Moment war ein leises Krachen zu hören und die Tür schwang auf.

Totenkopf lachte triumphierend. »Na also, der Sesam hat sich geöffnet. Bedienen wir uns.« Er griff hinein und zog zwei Flaschen aus dem Regal. Eine davon entkorkte er sofort. »Schätze, wir haben uns einen guten Schluck verdient.« Gierig ließ er den Alkohol durch seine Kehle laufen.

»Gib mir auch was!«, drängte Charly.

»Ein edler Tropfen«, sagte Totenkopf mit leisem Lachen und reichte ihm die Flasche. »Ein guter Portwein. Kriegt sonst nur der Alte.«

Charly trank hastig.

»Bekomme ich auch was ab?«, fragte plötzlich eine schneidende Stimme am Eingang der Kombüse.

Charly Langdon zuckte wie unter einem unverhofften Peitschenhieb zusammen. Der Schreck fuhr ihm dermaßen in die Glieder, dass ihm die Flasche entglitt und mit lautem Klirren auf den Bodenplanken der Kombüse zerschellte. Sofort breitete sich der Duft des Portweins im Raum aus.

Totenkopf fuhr ebenfalls erschrocken zusammen, verlor jedoch nicht eine Sekunde seinen Kopf. »Nichts wie raus hier!«, zischte er Charly zu. »Zieh ihm eins über den Schädel!«

Niemand konnte behaupten, dass Charly Langdon ein furchtsamer Mann war. Eher traf das Gegenteil zu. Doch er war so überrascht, dass er nicht geistesgegenwärtig genug reagierte.

Totenkopf jedoch dachte nicht daran, sich auf frischer Tat ertappen zu lassen. Und ohne lange zu zögern, versetzte er seinem Komplizen einen heftigen Stoß in die Seite und schleuderte ihn gegen die Gestalt, die sich im Eingang zur Kombüse als tiefschwarzer Schatten abzeichnete.

Scotty, der die beiden zufällig überrascht hatte, fluchte und taumelte zurück. Charly hatte den Schock nun überwunden und schlug mit den Fäusten nach ihm. Totenkopf drängte sich seitlich an ihm vorbei, wollte flüchten.

Doch Scotty versuchte das zu verhindern. Seine Faust schoss vor und erwischte Totenkopf zwischen den Rippen. Ein wildes Handgemenge war die Folge. Da stach Totenkopf kurz entschlossen mit seinem scharfen Segelmesser zu. Die Klinge fuhr Scotty in die Schulter, er schrie auf und musste den Weg freigeben.

Totenkopf nutzte seine Chance kaltblütig und flüchtete, ohne sich um Charly zu kümmern. Jetzt musste jeder sehen, wo er blieb. Der Schrei des Bootsmanns würde andere Matrosen auf den Plan rufen und nicht jeder an Bord des Schiffes war Totenkopf wohlgesonnen.

Totenkopf entkam unerkannt. Charlys Fluchtversuch konnte Scotty jedoch verhindern. Mit eisernem Griff hielt er ihn fest, obwohl die Wunde in seiner rechten Schulter höllisch schmerzte.

Charly hatte es erwischt.

»Zum letzten Mal, Langdon: Wer war dein Komplize?«, fragte Captain Kidd mit kalter, drohender Stimme. Er war vor einer Stunde an Bord der *Adventure Galley* zurückgekehrt und Scotty hatte ihm über den ungeheuerlichen Vorfall sofort Bericht erstattet. Der Bootsmann trug einen Verband um seine Schulter. Zum Glück hatte sich der Messerstich nur als Fleischwunde herausgestellt – schmerzhaft, aber ungefährlich.

Charly Langdon stand mit zusammengeketteten Händen vor Kidd in der Prunkkajüte. Neben dem Captain waren noch Scotty, Darby Mullins und Ted Wilson zugegen. Keiner bemühte sich, seinen Abscheu zu verbergen. Und dafür hasste Charly diese Männer noch mehr.

»Ich weiß es nicht«, beharrte Charly auf seiner Lüge. »Ich bin in die Kombüse gegangen, um mir Schiffszwieback zu holen. Es brannte kein Licht. Und da bemerkte ich die Gestalt, die aus einer Flasche trank und mir anbot, auch einen Schluck zu nehmen. Ich dachte, es wäre der Koch.«

»Das ist eine verdammte Lüge!«, schrie Kidd ihn wutentbrannt an. »Du glaubst doch wohl nicht im Ernst, dass ich dir solch eine lächerliche Geschichte abkaufe?! Dreifinger-Dick war an Land und das wusstest du!«

»Es war alles so, wie ich gesagt habe!«

Scotty trat drohend näher. »Den Namen, Mann! Ich will wissen, wer mit dem Messer auf mich losgegangen ist. Wer war diese feige Hundeseele? Spuck den Namen aus, sonst...«

»Bootsmann!«

Kidds mahnende Stimme hielt Scotty zurück. Beinahe hätte er sich in seinem Zorn vergessen. »Ich prügel ihm den Namen schon aus dem Rücken, Captain. Wenn Ihr ihn mir nur für eine halbe Stunde überlassen würdet...«

»Nein!«, fiel Kidd ihm scharf ins Wort. »An Bord meines Schiffes wird nicht gefoltert, Scotty. Aber ich dulde auch keine Disziplinlosigkeiten – Einbruch und Messerstechereien schon gar nicht.«

»Ich hatte kein Messer«, verteidigte sich Charly.

»Ich bin bereit, dich milde zu bestrafen, wenn du uns auf der Stelle den Namen deines Komplizen nennst«, unternahm Captain Kidd einen letzten Versuch, den Matrosen zum Reden zu bringen. Aber er ahnte, dass es vergeblich sein würde.

Charly Langdon wusste, was ihm blühte, doch er verriet Totenkopf nicht. Weniger aus Freundschaft als aus Angst vor Totenkopfs Rache.

»Ich weiß nichts«, sagte Charly.

Kidd funkelte ihn an. »Nun gut, ganz wie du willst. Ich werde dich auspeitschen lassen. Vierundzwanzig Hiebe mit der Neunschwänzigen!«

Das Blut wich aus Charly Langdons Gesicht.

»Die Strafe wird vollstreckt, sobald wir auf See sind«, ordnete Kidd an. »Bringt ihn wieder hinunter, Bootsmann. Er bleibt in Eisen. Ab sofort nur noch Wasser und Brot für ihn. Und kein Kontakt mit den anderen Matrosen! Vielleicht überlegt er es sich noch. Und jetzt raus mit ihm!«

Charly Langdon wurde abgeführt.

»Der Teufel soll mich holen, wenn Pickwick oder einer seiner Freunde nicht in diese dreckige Sache verwickelt ist!«, sagte Darby Mullins. »Der Kerl übt einen schlechten Einfluss auf die Mannschaft aus, Captain. Ich trau ihm nicht über den Weg. Nicht von hier bis zur Tür. Er tut so unterwürfig, doch das ist alles nur Fassade.«

Ted Wilson zuckte mit den Achseln. »Das mag Eure ganz persönliche Meinung sein. Ich weiß jedoch nichts Negatives über Pickwick zu berichten. Im Gegenteil, er ist ein äußerst tüchtiger Matrose.«

»Wir sollten ihn uns vom Hals schaffen«, sagte Mullins und ließ sich in seiner Überzeugung nicht erschüttern, »so lange wir die Möglichkeit haben. Am besten hier in New York.«

William Kidd lachte bedrückt auf. »Wenn das nur so einfach wäre, Mullins. Wir brauchen jeden Mann, wirklich jeden. Sogar diesen Dieb Langdon.«

Die letzten Wochen hier in New York waren für William Kidd alles andere als erfreulich gewesen. Nicht nur, dass er ein Drittel seiner Besitzungen hatte verkaufen müssen, um seinen Anteil an dieser Kaperfahrt aufbringen zu können, nein, auch das Auffüllen der Mannschaft hatte sich als Problem erwiesen.

New York war noch immer Anfang und Ende vieler Piratenrouten. Die Matrosen hatten deshalb mehr Sympathien für die Piraten als für Männer wie Kidd, die Jagd auf sie machen sollten. Verwunderlich war das nicht. Höchst angesehene New Yorker Bürger und sogar Politiker machten mehr oder weniger offen Geschäfte mit den Piraten. Sogar der ehemalige Gouverneur war durch Piratenbeute reich geworden. Dass indessen ein neuer Gouverneur, der Earl of Bellomont, eingesetzt worden war, war nur Augenwischerei und änderte wenig an den tatsächlichen Gegebenheiten.

Kidd hatte seine Mannschaft nun fast komplett zusammen. Aber was waren das für Männer, die bei ihm angeheuert hatten! Männer aus hoffnungslosen Lagen und Nöten, Glücksritter und verkrachte Existenzen. Und wie viele Schurken mochten unter ihnen sein?!

»Nein, ich brauche auf dieser Fahrt jede Hand, auch die eines Heuchlers, wenn er nur seine Arbeit versteht«, sagte William Kidd laut. »Pickwick ist wirklich tüchtig. Ich habe ihn oft genug beim Aufentern und Segelreffen beobachtet.«

»Zugegeben, Captain«, sagte Mullins. »Aber das ist nur eine Seite dieses Totenkopfes.«

»Dass mir dieser Pickwick nicht gerade sympathisch

ist, darf mich nicht beeinflussen«, fuhr Kidd unbeirrt fort. »Und das tut es auch nicht.«

Wenige Tage später war die *Adventure Galley* zum Auslaufen bereit. Begleitet von einem Shanty und dem Stampfen der Männer am Gangspill, wurde der Anker gelichtet. Die Segel fingen die frische Septemberbrise ein und blähten sich. Das Schiff löste sich langsam von den Kais und ließ den Hafen von New York hinter sich.

Als von der Küste nicht mehr als ein fingerdicker Strich am Horizont zu sehen war, erteilte Captain Kidd den Befehl zum Beidrehen. Die Bestrafung von Charly Langdon stand noch aus. Eine Auspeitschung zu Beginn einer solchen Fahrt war eigentlich das Letzte, was Kidd sich wünschte. Doch ihm blieb gar keine andere Wahl, wenn er seine Autorität nicht in Frage stellen lassen wollte.

»Mannschaft vollzählig zum Strafvollzug angetreten!«, meldete der Erste Offizier.

»Lasst Langdon hochbringen. Und sorgt dafür, dass aus der Auspeitschung kein blutiges Schauspiel wird«, trug Kidd ihm mit gedämpfter Stimme auf.

»Aye, aye, Captain!«

Charly Langdon wurde an Deck gebracht. Er machte einen etwas bleichen, abgemagerten Eindruck. Die nackte Angst vor der Neunschwänzigen stand ihm in den Augen, doch er presste die Lippen wie im Trotz fest aufeinander.

Der Verurteilte wurde nun bäuchlings über den hinteren Teil einer Kanone gelegt und mit Händen und Füßen an die Lafette gebunden. Einer der Helfer schob ihm ein Stück Holz zwischen die Lippen. Wenn der Schmerz zu stark wurde, konnte er darauf beißen. Aber viel würde es nicht helfen, nicht bei vierundzwanzig Hieben mit der Neunschwänzigen.

Scotty, der als Bootsmann die Auspeitschung hätte vornehmen müssen, hatte sich in einem Gespräch mit Captain Kidd geweigert, Langdon auszupeitschen.

»Es würde nach persönlicher Rache aussehen«, hatte er gesagt. »Und egal, wie fest ich schlage, man würde es falsch auslegen. Und damit ist keinem geholfen.«

Kidd hatte ihm nach kurzem Nachdenken zugestimmt. »In Ordnung, Scotty. Dann nehmen wir einen Freiwilligen. Es gibt immer Leute, die sich zu so etwas melden.«

Es hatten sich vier Männer gemeldet und Kidd hatte einen nicht zu kräftigen, aber auch nicht zu schwächlichen Vollmatrosen namens Bill Webbster ausgewählt. Captain Kidd ließ die Mannschaft durch seinen Ersten Offizier noch einmal über Charly Langdons Vergehen und die Strafe unterrichten. Dann nickte Kidd Bill Webbster zu und befahl: »Anfangen!«

Der Vollmatrose zog die neun Lederriemen noch einmal durch seine linke Hand, nahm Aufstellung und holte dann kraftvoll aus. Die Peitsche schwirrte durch die klare Luft und traf klatschend den Rücken des Verurteilten.

Langdon zuckte zusammen, doch kein Ton kam über seine Lippen. Nach fünf weiteren Schlägen hing sein Hemd in Fetzen. Ein glühender Schmerz breitete sich in seinem Körper aus, als die Haut aufplatzte. Und dann gellten seine Schreie über das Deck.

»Sechzehn«, zählte Ted Wilson mit ruhiger Stimme.

Mit ausdruckslosem Gesicht sah Kidd der Auspeitschung zu. Sein Blick glitt zu Jonathan Pickwick hinüber. Der Matrose mit der schwarzen Augenklappe stand in der ersten Reihe. Er wandte seinen Blick nicht von Langdon ab, dessen Rücken mittlerweile blutüberströmt war. Täuschte sich Kid oder lag wirklich ein kaum merkliches, zufriedenes Lächeln auf dem narbenreichen Gesicht von Pickwick?

Charly Langdon verlor bald das Bewusstsein. Bill Webbster hatte damit gerechnet. Er griff nach einem Eimer mit Meerwasser und schüttete es dem Verurteilten ins Gesicht. Langdon kam zu sich, und im nächsten Moment bäumte er sich auf und schrie, als die Peitsche ihn erneut traf.

»Zwanzig«, zählte Ted Wilson und beschleunigte das Tempo.

Endlich hatte Bill Webbster die vierundzwanzig Hiebe ausgeteilt. Sein nackter Oberkörper war von Schweißperlen bedeckt. Fast zögernd ließ er die Peitsche sinken.

»Der Feldscher soll sich um ihn kümmern und die Wunden versorgen…! Die Mannschaft kann wegtreten!«, befahl Captain Kidd.

Charly Langdon war wieder bewusstlos geworden. Er spürte nichts mehr, als man ihn losband und unter Deck brachte. Doch Kidd war sicher, dass er sich Langdon heute zum Todfeind gemacht hatte. Aber damit musste jeder Captain leben, und er zwang sich, keinen weiteren Gedanken daran zu verschwenden.

Pickwicks Drohung

Die *Adventure Galley* ankerte in einer geschützten Bucht der Insel Mehila, die zum Komoren-Archipel im Indischen Ozean gehört. Kein Luftzug kräuselte das klare Wasser der Bucht. Eine drückende, schwüle Hitze lastete über der Insel.

Fünf Monate waren nun vergangen, seit das Kaperschiff New York verlassen hatte. Die Stimmung an Bord war schlecht, während der Atlantiküberquerung war noch immer keine Prise vor die Kanonen der *Adventure Galley* gesegelt. Hinzu kam noch, dass innerhalb einer Woche fünfzig Mann hier auf Mehila erkrankt und gestorben waren, während das Schiff kielgeholt wurde.

In letzter Zeit war es häufig zu Handgreiflichkeiten unter den Matrosen gekommen. Und mit wachsender Besorgnis hatte Kidd beobachtet, wie sich die Mannschaft in zwei unterschiedlich große Lager aufteilte. Während etwa zwanzig Mann, unter ihnen Scotty, Dreifinger-Dick und Tom Bone, auf Ordnung hielten und sich diszipliniert und loyal benahmen, hatte Totenkopf etwa sechzig bis siebzig Matrosen um sich geschart, die zunehmend aufsässiger und unzufriedener wurden. Der Rest, etwa ein Dutzend, verhielt sich abwartend.

Captain Kidd schreckte aus seinen düsteren Gedanken auf, als der Erste Offizier zu ihm in die Achterkajüte trat. Er machte einen besorgten Eindruck.

»Was gibt es, Wilson?«

»Eine Abordnung der Mannschaft bittet, Euch sprechen zu dürfen«, meldete Ted Wilson. Man sah ihm an, wie unwohl er sich fühlte.

»Eine Abordnung?« Kidd glaubte im ersten Moment, sich verhört zu haben.

»Eine Abordnung. Pickwick scheint ihr Sprecher zu sein, Captain. Die gesamte Crew hat sich an Deck versammelt. Die Sache gefällt mir nicht. Sie stinkt sogar nach Meuterei, Sir. Soll ich Waffen…«

Kidd schnitt ihm mit einer Handbewegung das Wort ab. »Redet keinen Unsinn!«, fuhr er ihn gereizt an. »So schnell nimmt man das Wort ›Meuterei‹ nicht in den Mund, Wilson. Schickt sie rein!«

»Aye, aye, Captain!« Mit hochrotem Kopf verließ der Offizier die Kajüte.

Kurz darauf trat die Abordnung der Mannschaft ein. Kidd war nicht erstaunt, dass Pickwick der Wortführer war. Und auch die Tatsache, dass William Moore, der Geschützführer, ihn begleitete, brachte ihn nicht aus der Fassung. Mit Moore hatte er schon wiederholt Ärger gehabt. Überrascht jedoch war er, Charly Langdon zu sehen. Er empfand es als bodenlose Frechheit, dass dieser Kerl ihm im Gefolge einer Abordnung, die vermutlich Beschwerden und Forderungen vorzubringen hatte, unter die Augen trat.

Doch er beherrschte sich und ließ sich weder Überraschung noch Wut anmerken. Fast beiläufig fragte er: »Wo drückt euch der Schuh?«

Totenkopf trat einen Schritt vor. »Verzeiht, dass wir

72

Eure kostbare Zeit in Anspruch nehmen, Captain«, begann er mit falscher Freundlichkeit.

»Komm zur Sache, Pickwick!«

Totenkopf verlor sein Lächeln nicht. »Natürlich, stets zu Euren Diensten.« Er räusperte sich. »Die Männer haben mich zu ihrem Wortführer ernannt, obwohl ich mich wahrlich nicht danach gedrängt habe …«

»Ganz gewiss nicht«, murmelte Kidd unfreundlich.

»Aber da ich eine mir gestellte Aufgabe stets gewissenhaft ausführe, ist die Wahl nun mal auf mich gefallen. Die Angelegenheit, die mich zu Euch führt, ist bedauerlicherweise nicht von angenehmer Natur. Um eine lange Rede kurz zu machen …«

»Darum bitte ich«, sagte Kidd.

»… die Mannschaft ist unzufrieden«, ließ Totenkopf die Katze nun aus dem Sack.

»So, unzufrieden. Und womit, wenn ich fragen darf?«

»Seit wir England verlassen haben, ist ein gutes Jahr verstrichen«, erklärte Totenkopf. »Aber bisher ist uns noch nicht eine saftige Beute vor die Geschütze gekommen.«

»Nicht einen verdammten Penny haben wir in diesem Jahr verdient!«, sagte William Moore aufgebracht.

»Genauso ist es!«, machte sich nun auch Charly Langdon bemerkbar.

»Na und? Glaubt ihr, ich wüsste das nicht selber? Aber wir werden schon noch Beute machen. Es braucht nur alles seine Zeit. Ihr werdet schon bald Pulverrauch zu riechen bekommen«, bemühte sich Kidd, die Männer zu beschwichtigen.

»Verdammt will ich sein, wenn das allein genügen soll!«, knurrte der Geschützmeister.

»Worauf willst du hinaus?«, fragte Kidd.

Bevor William Moore etwas Unbedachtes antworten konnte, ergriff Totenkopf wieder das Wort. »Die Männer sind bereit, Euch weiterhin zu folgen, Captain, und sie werden kämpfen wie die Leibgarde des Teufels…« Er machte eine dramatische Pause. »Aber zuvor bittet Euch die Mannschaft, die Verteilung der Beute neu festzusetzen.«

Captain Kidd hatte insgeheim damit gerechnet. Und doch stieg Zorn in ihm auf, den er nur schwer zu unterdrücken vermochte. »So, ihr wollt also mehr von der Beute?«, fragte er, um Zeit zu gewinnen.

»Wir wollen nicht mehr, als uns zusteht!«, polterte William Moore. »Aber auch nicht weniger.«

»Und wie viel steht euch zu?«, fragte Kidd.

»Eine ganze Menge mehr als diese lächerlichen fünfundzwanzig Prozent«, sagte Charly Langdon aggressiv. »So viel steht mal fest!«

Kidd holte tief Luft und zwang sich, Langdons unverschämte Bemerkung einfach zu ignorieren. Er blickte Pickwick an. »Also, ich höre!«

Totenkopf deutete eine entschuldigende Geste an, die so falsch war wie sein ganzes Wesen. »Jedermann kennt Euch, Sir. Ihr seid ein erfahrener Kapercaptain und versteht Euer Handwerk. Deshalb werdet Ihr sicherlich zustimmen, dass nur ein Viertel der Beute bei genauer Betrachtung ein zu geringer Anteil für die Mannschaft ist.«

»Den Teufel werde ich!«, bellte Captain Kidd nun. »Ein Viertel war ausgemacht…«

Ein harter Ausdruck trat nun auf Totenkopfs Gesicht. »Nicht mit dieser Crew, Captain! Ich habe den Auftrag, Euch davon zu unterrichten, dass die Mannschaft sechzig Prozent Beuteanteil für gerechtfertigt hält. Das ist auch auf anderen Kaperschiffen üblich!«

Kidd sprang auf. »Das ist unmöglich! Sechzig Prozent! Ihr müsst den Verstand verloren haben.«

»Sechzig Prozent oder…« William Moore brach im letzten Moment ab, als er Totenkopfs warnenden Blick bemerkte.

Blut schoss Kidd ins Gesicht. »Oder was, Moore? Sprich es aus, Mann! Das ist Erpressung. Nein, fast Meuterei! Was wollt ihr tun, wenn ich nicht zustimme? Na kommt, sprecht es ruhig aus oder fehlt euch dazu der Mut?!«

»An Mut mangelt es keinem von uns, Captain!«, erwiderte Totenkopf scharf. »Und was den Beuteanteil betrifft, so übermittle ich Euch nur einen Vorschlag der Crew.«

»Rede doch nicht so geschwollen, Pickwick!«, erregte sich Kidd. »Ich verwette das Schiff, dass du diesen Plan ausgeheckt hast. Also dann zeig auch Flagge, Mann! Was ist, wenn ich euren Vorschlag nicht akzeptiere?«

Totenkopf ließ sich nicht provozieren. Er gab sich gekränkt. »Eure Worte treffen mich als Ehrenmann, Captain. Aber was den Vorschlag betrifft… Wenn Ihr ihn ablehnt, habt Ihr Euch die Folgen selbst zuzuschreiben. Ich vermute, dass die Fahrt dann eine andere, möglicherweise äußerst unerfreuliche Wendung nehmen wird.«

»Den Teufel auch, das wird sie!«, bekräftigte der Geschützmeister. »Und das ist alles, was wir zu sagen haben!«

Captain Kidd starrte die drei Männer schweigend an. Totenkopf hielt seinem bohrenden Blick, ohne mit der Wimper zu zucken, stand. Er war kaltblütig bis ins Letzte, ein ausgekochter, gerissener Intrigant und noch dazu intelligent. Gerade diese Mischung machte ihn so gefährlich.

Totenkopf hatte ihm gerade zu verstehen gegeben, dass er nur die Wahl zwischen einem höheren Beuteanteil für die Mannschaft oder einer Meuterei hatte. Und er war gerissen genug gewesen, sich nur in Andeutungen zu ergehen, aus denen ihm im Zweifelsfall kein Gericht einen Strick würde drehen können.

»Ich werde euren Vorschlag bedenken«, brach Kidd schließlich das Schweigen. »Ich gebe euch nachher Bescheid!«

»Ich bin sicher, dass Ihr die richtige Entscheidung treffen werdet«, sagte Totenkopf mit dem für ihn typischen heuchlerischen Lächeln. »Stets zu Euren Diensten, Captain.«

Er saß in der Falle! Zu dieser Feststellung kam Kidd, nachdem er alle Möglichkeiten durchdacht hatte. Was immer er auch tat, es würde negative Folgen für ihn haben. Nahm er den »Vorschlag« an, handelte er seinem Vertrag zuwider, den er mit seinen Partnern geschlossen hatte und der nur fünfundzwanzig Prozent für die

Crew vorsah. Lehnte er jedoch ab, war eine Meuterei die Folge. Dann verlor er nicht nur das Schiff, sondern vermutlich auch noch das Leben. Und Meutereien unzufriedener Mannschaften waren in dieser unruhigen Zeit fast an der Tagesordnung.

William Kidd blieb in Wirklichkeit gar keine Wahl. Die königliche Vollmacht schützte ihn nicht vor Totenkopf und seinen meuterbereiten Komplizen. Er musste nachgeben, wollte er diese Fahrt noch zu einem einigermaßen erfolgreichen Abschluss bringen.

Eine Stunde später verkündete er vor der versammelten Mannschaft, dass er beschlossen hätte, den Anteil der Crew in Anbetracht der Umstände auf sechzig Prozent anzuheben. Mit Hurrageschrei ließen die Matrosen Kidd hochleben. Doch er übersah nicht den triumphierenden Ausdruck auf den Gesichtern mancher Männer.

»Morgen lichten wir die Anker!«, gab Kidd außerdem bekannt. »Wir nehmen Kurs auf den Golf von Aden und legen uns an der Einfahrt zum Roten Meer auf die Lauer. Die Gegend ist ein beliebter Hinterhalt für Piraten, die dort Jagd auf arabische und andere Handelsschiffe machen.«

»Wo Piraten sind, fällt bestimmt auch was für uns ab!«, rief einer der Matrosen begeistert und ließ offen, wie er das genau meinte.

Am nächsten Morgen brach die *Adventure Galley* zum Roten Meer auf. Es war der 27. April 1697.

Der Spähtrupp

»Tod und Teufel, das hat uns gerade noch gefehlt!«, fluchte Tom Bone, als kurz vor Einbruch der tropischen Nacht der Wind einschlief und das Segel des kleinen Beibootes plötzlich schlaff am Mast hing.

»Dann müssen wir eben zu den Riemen greifen«, sagte Scotty gelassen.

»Bis zu unserem Versteck sind es noch gut zwei Meilen«, knurrte der Segelmacher.

»Es hilft alles nichts. An die Riemen, Männer!«, befahl Darby Mullins.

»Zum Glück hat sich der Ausflug diesmal gelohnt«, meinte Dreifinger-Dick, als sich die vier Männer nun ins Zeug legten und das Boot mit kräftigen Schlägen über die fast spiegelglatte See trieben.

Im Juli hatte die *Adventure Galley* vor der kleinen Insel Perim in der Meerenge an der Einfahrt zum Roten Meer Anker geworfen. Nicht weit von Perim entfernt lag Mokka, der Haupthafen des jemenitischen Seehandels. Von Mokka aus stachen die reich beladenen Schiffe arabischer und französischer Handelsfahrer in See.

Um Informationen über gewinnträchtige Prisen zu erlangen, hatte Captain Kidd mehrmals Spähtrupps durch die Straße von Bab-el-Mandeb nach Mokka geschickt. Bisher ohne Erfolg.

Dieser dritte Spähtrupp, unter dem Befehl von Darby

Mullins, brachte jedoch gute Nachrichten. Und wenn Tom Bone auch lauthals fluchte, weil sie zwei Meilen lang pullen mussten, so änderte das doch nichts daran, dass sie bester Stimmung waren.

Das Boot glitt zügig durch das Wasser. Bald tauchte die Insel vor ihnen auf. Und dann sahen sie die Lichter der *Adventure Galley.*

»Wer da?«, schallte es vom Dreimaster zu ihnen herüber. Das von den Riemen verursachte Plätschern war in der Stille der schwülen Nacht weit zu vernehmen.

»Wer schon?«, rief Dreifinger-Dick zurück. »Der Scheich von Mokka…! Lasst die Jakobsleiter runter!«

Auf dem Deck des Schiffes wurde es nun lebendig. Die Männer traten an die Reling und wollten wissen, ob Mullins und seine Freunde etwas entdeckt hatten, was Beute versprach.

»Immer der Reihe nach!«, rief Darby Mullins zu ihnen hinauf. »Lasst uns erst mal an Bord kommen und einen Schluck trinken.«

Sie kletterten an der Strickleiter hoch. Jemand reichte ihnen einen Krug Wasser und Branntwein, dann wurden sie auch schon von der Mannschaft umringt.

»Erzählt!«, forderte Captain Kidd sie auf, als sie getrunken hatten.

»Es sieht viel versprechend aus«, begann Darby Mullins und die Matrosen hingen gebannt an seinen Lippen. »Wir sind diesmal noch näher an den Hafen herangekommen.«

»Wie viele Schiffe liegen dort vor Anker?«, wollte Kidd wissen.

»Über zwei Dutzend sowie ein paar kleine Schaluppen.«

»Es sind ein paar ganz feine Schiffe darunter«, bemerkte Dreifinger-Dick. »Gerade das Richtige für unsere Kanonen, meiner bescheidenen Meinung nach.«

Alles lachte. Endlich einmal gute Nachrichten!

Darby Mullins nickte. »Dreifinger-Dick hat es schon gesagt. Es sieht alles danach aus, als würde bald ein Konvoi von Handelsschiffen Mokka verlassen.«

»Wie stark ist dieser Konvoi?«, fragte jemand.

»So um die vierzehn Schiffe«, antwortete Darby Mullins. »Sie sind zum Auslaufen bereit.«

»Leute, wetzt schon mal eure Entermesser!«, rief William Moore begeistert. »Es gibt bald Arbeit für uns!«

Captain Kidd wurde von der ausgelassenen Stimmung seiner Leute angesteckt. Neue Hoffnung und Zuversicht regten sich in ihm. Vielleicht würde sich doch noch alles zum Guten wenden. Wenn er mehrere fette Prisen machen konnte, würde der hohe Beuteanteil für die Mannschaft später nicht so stark zu Buche schlagen, sofern er seinen Partnern in London nur einen stattlichen Profit vorzuweisen vermochte.

»Da ist nur eins, was zu bedenken ist«, bemerkte Darby Mullins zögernd.

»Und das wäre?«

»Wir können nicht mit Gewissheit sagen, dass alle Schiffe des Konvois unter die Kaperbestimmungen fallen«, gab der Steuermann zu bedenken. »Es können auch holländische Handelsschiffe darunter sein, vielleicht sogar Engländer …«

»Ach, zum Teufel mit den Holländern!«, rief William Moore. »Ein paar Araber sind bestimmt darunter, wenn nicht sogar Piraten. Und die knöpfen wir uns vor!«

Zustimmendes Gemurmel erhob sich.

»Wen kümmert es schon, wenn wir arabische Schiffe kapern! In England kräht kein Hahn danach, wenn wir den Heiden eine Breitseite verpassen.«

Wieder erhielt er von der Mannschaft Zustimmung.

Captain Kidd fand, dass Moore in diesem Punkt gar nicht mal so Unrecht hatte. Maurische Schiffe auszurauben war zwar Piraterie, wenn man das Gesetz streng auslegte. Aber in Wirklichkeit hatte sich bisher niemand in der Heimat über solche Prisen aufgeregt. Man drückte allgemein ein Auge zu, zumal wenn die Beute stimmte. Aber was die holländischen und englischen Schiffe betraf, so musste er da höllisch wachsam sein.

Das Verteufelte war nur, dass es manchmal schier unmöglich war, die Nationalität eines Schiffes vor einem Gefecht mit absoluter Gewissheit festzustellen. In Kriegszeiten und gefährlichen Gewässern hatte es sich eingebürgert, dass man stets unter der Flagge segelte, die gerade die günstigste war, um sicher seinen Zielhafen zu erreichen.

Kidd war ein erklärter Feind der Piraterie, doch andererseits stand er unter dem Zwang, Beute machen zu müssen. Er konnte es sich nicht leisten, dass diese Fahrt ein Fehlschlag wurde. Falls er ohne Schätze nach London zurückkehrte, war er verpflichtet, den fünf ehrenwerten Männern jeden Penny aus eigener Tasche zu-

rückzuzahlen. So stand es im Vertrag, den sie ihm auf-
gezwungen hatten. Und sollte dieser Fall eintreten,
wäre er ruiniert.

»Wir greifen die Flotte an«, sagte Kidd schließlich mit
fester Stimme.

Kidd greift an

Eine Woche verging und die Flotte lief noch immer nicht aus. Untätig lungerten Kidds Männer an Deck herum. Nichts passierte. Grell reflektierte die See die sengenden Sonnenstrahlen. Der Teer quoll aus den Ritzen zwischen den Planken, die ständig mit Wasser begossen werden mussten. Und zu allem Unglück erstarb auch wieder der südwestliche Monsun, der wenigstens für ein wenig Kühle gesorgt hatte.

Die zweite Woche brach an. Von der Flotte war weit und breit kein Segel zu sehen.

»Verflucht sei der Tag, an dem ich auf dieses Schiff kam!«, fluchte William Moore.

»Der Alte zieht das Unglück an wie Pech und Schwefel den Teufel«, murmelte ein anderer abergläubischer Matrose.

Die dritte Woche verstrich und die Stimmung an Bord der *Adventure Galley* wurde allmählich explosiv. Die Enttäuschung der Männer verwandelte sich in dumpfe, gefährliche Wut. Und Kidd fürchtete schon, die Kontrolle über die Crew völlig zu verlieren. Doch dann, am späten Abend des 14. August, lief die Flotte endlich aus dem Hafen von Mokka aus.

»Anker auf!«

Plötzlich waren die quälend langen Wochen unter der Gluthitze vergessen. Die Matrosen stürzten mit lachenden, vergnügten Gesichtern zum Gangspill. Freudige Erwartung erfasste die gesamte Mannschaft, Captain Kidd und seine Freunde eingeschlossen.

»An die Brassen!«

Die Segel flatterten einen Augenblick im Abendwind, dann schwenkten die Rahen herum. Mit Genugtuung verfolgte Kidd vom Achterdeck aus, wie schnell die Matrosen die Befehle ausführten. Sie witterten die Beute.

»Wir werden uns im Schutz der Nacht dem Konvoi anschließen und bis zum Morgengrauen mitten unter ihnen segeln«, erläuterte Captain Kidd der Crew seinen Plan, als der Dreimaster Fahrt aufgenommen hatte.

»Hölle und Teufel, ist das nicht etwas gefährlich?«, wandte jemand ein.

»In der Höhle des Löwen sind wir am sichersten«, erwiderte Kidd. »Wenn wir mitten unter ihnen segeln, wird uns niemand für ein feindliches Schiff halten. Wir können uns in aller Ruhe die fetteste Prise aussuchen und kapern, bevor unsere Gegner wissen, wie ihnen geschieht.«

Und so geschah es auch. Als die Dunkelheit jäh hereinbrach, hatte die *Adventure Galley* Anschluss an den Konvoi gefunden, der unter dem Schutz der *Sceptre* stand, eines schwer bewaffneten Ostindienfahrers unter dem Kommando von Captain Edward Barlow.

»Heiliger Klabautermann, es klappt wirklich!«, stieß Tom Bone mit Bewunderung hervor, als sich die *Adventure Galley* in den Konvoi einreihte, ohne dass sich auf irgendeinem Schiff der Handelsflotte Misstrauen regte. »Ein Teufelsstreich … mit Verlaub gesagt, Captain.«

William Kidd lachte zufrieden. »Ich sagte es doch, Bone. Wenn man sich gut verstecken will, begibt man sich am besten mitten unter seine Feinde.«

William Moore kam zu Kidd auf das Achterdeck. »Wann greifen wir an, Captain? Den Männern juckt's bereits gehörig in den Fingern.« Er grinste breit und gab sich für Kidds Geschmack zu vertraulich.

»Wir greifen an, wenn ich den Befehl dazu erteile!«, wies Kidd ihn zurecht.

»Wir könnten uns doch jetzt schon eine fette Rosine herauspicken«, beharrte William Moore.

»Oder eine hohle Nuss«, knurrte Kidd ärgerlich. »Nein, schlagt Euch das aus dem Kopf, Moore. Wir werden kein Nachtgefecht auf blinden Verdacht hin führen. Ich will mit unserem ersten Angriff gleich die richtige Prise erwischen. Nein, es bleibt dabei, wir greifen im Morgengrauen an!«

»Bis dahin sind es aber noch ein paar Stunden«, brummte der Geschützmeister.

»Nutzen wir sie! Bringt das Schiff in Gefechtsbereitschaft. Aber lautlos, haben wir uns verstanden? Ich will kein Poltern von Kanonenkugeln und Scheppern von Metall hören. Absolut lautlos! Und die Stückpforten bleiben vorerst geschlossen. Auch die Lunten werden noch nicht in Brand gesetzt!«

William Moore schnaubte gereizt. »Wie Ihr befehlt«, sagte er unwillig und fügte fast geringschätzig hinzu: »… Captain!« Er drehte sich abrupt um und gab die Befehle weiter. Und die Seeleute hielten sich daran. Lappen wurden um die Säbel und Entermesser gewickelt, sodass sie nicht gegeneinander stoßen und klirren konnten. Fast lautlos luden die Geschützmannschaften die Kanonen. Totenkopf bereitete sich auf seine Weise auf den bevorstehenden Kampf vor. Er hockte mittschiffs auf der Luke und schärfte Segelmesser und Säbel, während er lautlos vor sich hin pfiff. Und als er die Klingen auf ihre Schärfe prüfte, trat ein Ausdruck der Verzückung auf sein Gesicht. Scotty, der nicht weit von ihm entfernt stand, beobachtete, wie Totenkopf plötzlich das rasiermesserscharfe Segelmesser bei der Klingenspitze packte und es aus dem Handgelenk heraus William Moore entgegenschleuderte.

Der Geschützmeister lehnte schräg gegenüber an der Reling, etwa fünf Meter von Pickwick entfernt. Das Messer sirrte durch die Luft und blieb mit zitternder Klinge im Holz der Reling stecken – genau zwischen Daumen und Zeigefinger von Moores gespreizter Hand.

William Moore stieß einen unterdrückten Schrei aus und zuckte mit der Hand zurück, als könnte er sich jetzt noch vor der scharfen Klinge retten.

Totenkopf sprang federnd von der Luke auf, ging lachend zu William Moore hinüber und zog das Messer aus dem Holz. »Warum so schreckhaft, William?«, fragte er spöttisch.

»Zur Hölle mit dir!«, fluchte der Geschützmeister aufgebracht. »Treib deine Späße das nächste Mal mit anderen, Totenkopf! Langsam nimmst du dir zu viel heraus.«

»So, ist das deine bescheidene Meinung?«, erkundigte sich Totenkopf gelassen, fixierte aber mit dem gesunden Auge scharf sein Gegenüber. William Moore war drauf und dran, ihm, Jonathan Marvin Pickwick, den Rang als Wortführer streitig zu machen. Und das gefiel ihm gar nicht. Es war an der Zeit, dass dieser leicht erregbare Geschützmeister aufs rechte Maß zurechtgestutzt wurde. Nun, vielleicht ergab sich während des Gefechtes eine günstige Gelegenheit...

William Moore wandte sich wortlos ab.

Der Konvoi segelte mit stetigen Winden nordöstlichen Kurs. Die Nacht war still, trügerisch still. Während auf den anderen Schiffen nur die Wache an Deck war, kauerte die vollzählige Mannschaft der *Adventure Galley* geschützt hinter der Reling. An Schlaf war nicht zu denken. Alle fieberten dem Gefecht entgegen.

Endlich kündigte sich der neue Tag an und der erste Lichtschimmer jenseits des östlichen Horizontes hellte die Dunkelheit auf. Die Schiffe des Konvois verloren ihre tiefschwarzen, scherenschnittartigen Silhouetten, erhielten detaillierte Konturen. Und auf diesen Moment hatte Kidd all die Stunden gewartet.

»Eines ist sicher«, sagte Darby Mullins neben ihm, als Kidd mit dem Fernrohr ein Schiff nach dem anderen musterte, »dies ist weder eine Piratenflotte noch ein französischer Konvoi. Und der Teufel soll mich holen, wenn nicht einige Schiffe sogar unter englischer Flagge segeln.«

»Schon möglich«, gab Kidd kurz angebunden zurück. »Der Handelsfahrer dort an Steuerbord ist aber unter Garantie kein Engländer. Und den nehmen wir uns vor!« Er deutete zu einem maurischen Handelsschiff hinüber, das am äußeren Rand der Flotte segelte und tief im Wasser lag.

»Welche Flagge ziehen wir auf?«, erkundigte sich Ted Wilson, als die *Adventure Galley* nun Kurs auf das große maurische Handelsschiff nahm.

Kidd überlegte kurz. »Keine, nur den breiten, roten Wimpel ohne Kreuz!« Das war der Befehl zur Übergabe und bedeutete zugleich, dass der Feind bei Widerstand kein Pardon zu erwarten hatte.

»Schiff klar zum Gefecht!«

Die Stückpforten wurden nun aufgerissen und die Geschütze ausgerannt, während der Dreimaster mit rauschender Bugwelle auf das maurische Schiff zusteuerte und sich ihm schnell näherte. Entkommen konnte es Kidd nicht.

Goldrot stieg die Sonne hinter der Kimm auf und tauchte die wenigen Wolken in einen zartroten Schein, während das Meer tiefblau schimmerte.

Die Verwirrung auf dem maurischen Schiff war groß, als seine Crew die ausgerannten Geschütze der *Adventure Galley* und den roten Wimpel bemerkte. Doch der Captain dachte nicht daran, beizudrehen und sich zu ergeben. Er versuchte zu fliehen, jagte seine Männer in die Wanten und ließ Vollzeug setzen – eine Verzweiflungstat ohne Aussicht auf Erfolg.

Die Engländer lachten verächtlich, als sie die Bemühungen der Mauren verfolgten.

»Verpassen wir ihnen eine Breitseite ins Heck!«, schrie Charly Langdon gehässig. »Vielleicht kommen sie dann noch schneller voran.«

Die *Adventure Galley* holte das Handelsschiff nach kurzer Zeit ein und befand sich dann auf gleicher Höhe. Die Kanoniere erfassten das Ziel, die Lunten glimmten.

»Feuer!«, rief Kidd.

Die Steuerbord-Breitseite dröhnte mit ohrenbetäubendem Krachen über das Meer. Pulverqualm quoll aus den Geschützen. Und mit dem Donnern der Kanonen schienen sich auch die angestaute Verbitterung und Enttäuschung der letzten Monate bei den Männern zu entladen. Sie brüllten begeistert auf, als die Geschosse über die See heulten und in Rumpf und Takelage des maurischen Handelsschiffes einschlugen.

Die Breitseite der *Adventure Galley* schreckte die Handelsflotte auf. Und sofort nahm die *Sceptre* Kurs auf den Angreifer. Captain Barlow brachte sein Schiff in Gefechtsbereitschaft. Er hisste die englische Flagge und forderte die *Adventure Galley* auf, sich zu erkennen zu geben. Doch Kidd reagierte nicht.

»Feuer!«, befahl er mit grimmiger Entschlossenheit.

Und wieder krachten die Geschütze. Doch diesmal lag die Salve nicht so gut.

»Wir werden es gleich mit zwei Gegnern zu tun haben!«, rief Ted Wilson nervös, als sich ihnen die *Sceptre* schnell näherte. »Das ist ein Linienschiff…! Ein englisches Linienschiff!«

Kidd starrte zur *Sceptre* hinüber. Er überlegte fieberhaft. Mit dem maurischen Handelsschiff würden sie fertig werden. Aber wenn er das Schiff kapern wollte, würde er um ein Gefecht mit dem englischen Linienschiff nicht herumkommen. Und das war dann zweifellos eine feindselige Handlung – nackte Piraterie.

Ein Geschütz auf der *Sceptre* feuerte. Das Geschoss jaulte heran und schlug in den Bug ein, ohne jedoch großen Schaden anzurichten. Noch war die Entfernung zu groß. Aber es war eine Warnung, auf die sofort die nächste folgte. Eine zweite Kugel schlug an Backbord durch die Wanten des Großmastes und heulte über die Köpfe der Männer hinweg.

»Feuer einstellen!«, befahl Captain Kidd.

Ein Teil der Seeleute protestierte.

»Zum Teufel, wir nehmen es mit beiden auf!«, brüllte William Moore. »Der Hundesohn soll es nur versuchen. Wir bohren ihn in den Grund!«

Doch Kidd blieb hart. Er jagte die Toppsgasten in die Wanten, um alle Segel zu setzen. Alle anderen wurden an die Riemen gerufen, um die *Adventure Galley* so schnell wie möglich zu machen.

Murrend leisteten die Matrosen dem Befehl Folge. Unter voller Besegelung und mit Hilfe der dreiundzwanzig Riemenpaare flog der Dreimaster nur so dahin, ließ das schwer mitgenommene maurische Handelsschiff und auch die *Sceptre* bald hinter sich, als es sich aufs offene Meer flüchtete. Bald war der schwer bewaffnete Ostindienfahrer außer Sichtweite. Die Flucht war gelungen, die Beute jedoch verloren.

Und die unsichtbare Schlinge zog sich um Captain Kidds Hals immer enger zusammen…

»*Klarmachen zum Entern!*«

»Kidd soll mal ein tollkühner Kapercaptain gewesen sein? Das halte ich für ein schlechtes Gerücht aus der Kombüse!«, eiferte sich Charly Langdon und spuckte verächtlich über Bord. »Der Alte ist so tollkühn wie ein dreibeiniger Köter! Ich sage euch, unter seinem Kommando kommen wir nie zu einer Prise!«

Charly Langdon sprach damit aus, was wohl die Mehrzahl der Mannschaft dachte: Der fehlgeschlagene Angriff hatte Kidds Ansehen stark geschadet. Und von allen Seiten wurde er nun einem unerträglichen Druck ausgesetzt, der ihn Schritt für Schritt in die Piraterie treiben sollte.

»Diese ganze Säuberungsaktion ist ein Schlag ins Wasser«, stimmte George McKee zu, ein bulliger Matrose von gedrungener Gestalt. Seine ungewöhnlich starke Körperbehaarung und sein leicht gebeugter Gang hatten ihm insgeheim bei den Matrosen den Spitznamen »Der Affe« eingetragen. Doch keiner wagte diesen Namen in seiner Gegenwart auszusprechen. George McKee war ein gefürchteter Raufbold und erwies sich bei einer Schlägerei als alles andere als plump.

»Ich habe die Schnauze voll, restlos«, fuhr George McKee aufgebracht fort. »Und wenn wir endlich zu Gold kommen wollen, ist es an der Zeit, dass ein neuer Kurs gesteuert wird. Zum Teufel mit der königlichen

Vollmacht. Sie bringt uns keinen Penny. Der maurische Handelsfahrer dagegen hätte unsere Taschen gefüllt!«

»Du sprichst mir aus der Seele, George«, sagte nun William Moore. »Mit dem Linienschiff hätten wir es allemal aufgenommen. Im Enterkampf sind wir diesen Waffenröcken zehnmal überlegen. Ich sage euch, es war ein Fehler, den Schwanz einzuziehen wie ein Hund und das Weite zu suchen!«

»Keine Sorge, Männer«, ergriff Totenkopf das Wort. »Es wird hier bald ein anderer Wind wehen. Ich denke...«

Was Totenkopf sich gedacht hatte, wurde er nicht mehr los. Aus dem Masttopp kam der Ruf des Ausgucks: »Segel voraus! Drei Strich Backbord!«

Captain Kidd stürzte an Deck und schickte Scotty mit dem Fernrohr in die Takelage. Er hoffte inständig, endlich einmal Glück zu haben, und war erleichtert, als Scotty meldete, dass es sich bei dem gesichteten Schiff um eine maurische Bark handelte.

»An die Geschütze, Männer!«, rief Kidd und ließ Segel beisetzen, um die Bark schneller einzuholen.

Das maurische Schiff, das vor der Malabar-Küste segelte, machte nicht den Eindruck, als hätte es gewaltige Reichtümer an Bord. Aber es würde eine leichte Beute sein und der Zuversicht der Mannschaft Auftrieb geben.

Der Abstand zwischen den beiden ungleichen Schiffen verringerte sich schnell. Die *Adventure Galley* war inzwischen gefechtsbereit. Zwei Breitseiten würden ausreichen, um die Bark in Grund zu bohren. Deshalb gab

Kidd den Befehl, diesmal keine Salven, sondern die Geschütze nacheinander abzufeuern.

Die erste Kanone wummerte. Eine halbe Kabellänge vor der Bark klatschte die Kugel ins Wasser und schleuderte eine Fontäne hoch.

Kidd ärgerte sich über den schlechten Schuss. »Geschütze zwei und drei Feuer!«

Diesmal wurde die Bark getroffen. Krachend schlugen die Geschosse in den Rumpf des Schiffes ein. Und im nächsten Augenblick feuerten auf Captain Kidds Befehl zwei weitere 12-Pfünder. Beide Kugeln schlugen im Vorschiff ein. Der Fockmast ging dabei in die Brüche.

Die Männer der *Adventure Galley* begleiteten den Treffer mit begeistertem Gebrüll. Und einige von ihnen hätten die Bark am liebsten mit den Geschützen Stück für Stück auseinander genommen und in ein kugeldurchsiebtes Wrack verwandelt.

»Klarmachen zum Entern!«, schallte Kidds Stimme über das Deck, während Darby Mullins das Schiff immer näher an die Bark manövrierte.

Die Kaperfahrer griffen zu den Wurfankern und ihren Handwaffen. Und kurz darauf flogen die Enterhaken. Krachend prallten beide Schiffsrümpfe gegeneinander. Die maurische Besatzung flüchtete voller Entsetzen auf das Achterdeck, als die englischen Kaperer die Bark enterten, Gier und Mordlust in den Augen.

Der Captain der Bark dachte jedoch nicht daran, sich auf einen von vornherein aussichtslosen Kampf mit dem Enterkommando einzulassen und seine Leute in den sicheren Tod zu schicken. Er kapitulierte bedingungslos, zum Bedauern manch eines Enterers.

»Zum Teufel«, fluchte William Moore. »Diese feigen Brüder verderben einem den ganzen Spaß. Hätte mir diese Mauren mit Vergnügen mit dem Entermesser vorgenommen!«

»Warum lassen wir sie nicht über die Klinge springen?«, fragte Charly Langdon.

»Weil das ein Akt der Piraterie wäre und du dafür am Galgen hängen würdest!«, sagte William Kidd hinter ihm mit schneidender Stimme und drängte an ihm vorbei, gefolgt von Scotty und Darby Mullins.

»Piraterie ist es auf jeden Fall!«, begrüßte ihn der Captain der Bark mit eisiger Stimme. »Mein Name ist Parker. Ich bin Captain dieses Schiffes und Engländer.«

Kidd war im ersten Moment betroffen, hatte sich jedoch sofort wieder in der Gewalt. Er musterte sein Gegenüber kühl und fragte: »Haben Sie Papiere, die Ihr Schiff als englisches ausweisen?«

»Nein«, antwortete Captain Parker. »Aber das ändert nichts an der Tatsache, dass ich kein Feind Englands bin und Euer Überfall somit Piraterie ist.«

»Da kann man geteilter Meinung sein, Captain«, erwiderte Kidd abweisend, obwohl er wusste, dass die Bark genau genommen keine rechtmäßige Prise war. Aber Piraterie konnte man es auch nicht nennen. Es kam eben nur darauf an, aus welchem Blickwinkel man diese Sache betrachtete.

»Durchsucht das Schiff!«

Die Matrosen taten nichts lieber als das. Doch viel förderten sie dabei nicht zu Tage. Die Ladung der Bark war alles andere als berauschend. Das einzig Wertvolle an Bord waren je ein Sack Pfeffer und Kaffee sowie einige andere Kleinigkeiten, die die Männer aus der Kajüte des Captains und seines Ersten Offiziers hatten mitgehen lassen.

Während die Mannschaft jeden Winkel der Bark untersuchte, überlegte Kidd angestrengt, was er mit Captain Parker und dessen Erstem Offizier, der portugiesischer Nationalität war, machen sollte. Schließlich kam er zu der Überzeugung, dass es für ihn besser sei, Parker und den Ersten Offizier unter Kontrolle zu halten. Erstens war Parker mit diesen Gewässern vertraut und konnte ihm als Lotse dienen, während der Portugiese sich als Dolmetscher als nützlich erweisen könnte. Zudem konnten die beiden ihm keinen Ärger bereiten, solange er sie an Bord der *Adventure Galley* festhielt. Da die Besatzung der Bark ohne Ausnahme maurisch war, brauchte er sich um sie keine Sorgen zu machen.

»Ich protestiere energisch! Das ist Verschleppung!«, beschwerte sich Captain Parker, als Kidd ihm seinen Entschluss mitteilte und ihn zusammen mit dem Portugiesen auf die *Adventure Galley* bringen ließ. »Ich bin Engländer wie Ihr, Captain Kidd! Ihr stellt Euch damit gegen das Gesetz!«

»Zum Teufel mit dem Gesetz!«, rief einer von Kidds Männern verächtlich. »Wen kümmert das Gesetz, wenn die Beute stimmt!« Er erntete zustimmendes Gelächter.

Kidd suchte Zuflucht zu einer Lüge. »Ich besitze eine Vollmacht vom König. Und der zufolge hat man mir

Hilfe zu leisten, wenn ich sie verlange. Ich verschleppe Euch nicht, sondern Ihr leistet zusammen mit Eurem Ersten Offizier Dienst auf meinem Schiff, das unter dem Schutz des Königs segelt!«

Parker blickte ihn einen Moment mit ungläubigem Staunen an. »Ihr und unter dem *Schutz des Königs*? Das glaubt Ihr doch selbst nicht. Wisst Ihr, wo Ihr enden werdet, Captain?«

Kidd sah ihn eisig an. Sein Blick sollte ihn zum Schweigen bringen.

Doch Captain Parker ließ sich nicht einschüchtern. »Ich werde Euch sagen, wo Ihr enden werdet. Unter dem *Galgen des Königs*!«

Darby Mullins machte sich Sorgen. Und dies nicht ohne Grund. Er kannte William Kidd länger als jeder andere auf diesem Schiff. Und so war ihm die Veränderung, die mit Kidd vor sich ging, nicht entgangen.

Kidd verstrickte sich von Monat zu Monat immer mehr in ein Netz von Halbwahrheiten und gefährlichen Entscheidungen. Nichts, was er bisher getan hatte, war absolut korrekt und nach dem Buchstaben des Gesetzes gewesen. Nicht, dass er wirklich offene Piraterie begangen hätte. Er konnte mit dem Angriff auf das maurische Handelsschiff des Mokka-Konvois und mit der Kaperung der Bark in England durchkommen, ebenso wie er gute Gründe dafür angeben konnte, dass er, entgegen dem Vertrag, der Mannschaft mehr als die Hälfte der Beute als Anteil zugebilligt hatte. Doch in allen Fällen vermochte niemand im Voraus zu sagen, ob die Gründe in England auch wirklich anerkannt würden. Und somit manövrierte Kidd mitten im gefährlichen Niemandsland zwischen Gesetz und Piraterie, ohne zu wissen, wer sich später als Freund oder Feind erweisen würde.

Darby Mullins gestand sich allerdings ein, dass Kidd gar nicht anders hatte handeln können. Und daher stand er völlig auf seiner Seite. Doch er war besorgt darüber, dass Kidd zu sehr auf seine königliche Vollmacht vertraute. Ihm schien es, als würde Kidd zeitweise den Blick für die raue Wirklichkeit verlieren und sich verzweifelt an dieses königliche Schreiben klammern, dessen Wert doch sehr umstritten war.

Während die *Adventure Galley* vor der Malabar-Küste nach Karwar, einem Hafen zwischen Calicut und Goa, segelte, zermarterte sich der Steuermann den Kopf, wie sie sich aus dieser Falle befreien könnten, die sich immer mehr um sie schloss. Aber es wollte ihm einfach nichts einfallen. Die Zukunft sah nicht gerade rosig aus.

Der Meinung waren auch eine Reihe von Seeleuten, die von Totenkopf und seiner Anhängerschaft nichts wissen wollten und eigentlich auf Kidds Seite standen. Zumindest bis zu dem Tag, als Kidd Captain Parker und seinen Ersten Offizier zwang, auf seinem Schiff Dienst zu tun.

Roger Kay und Edward Tilbury gehörten zu diesen Männern, denen die Ereignisse der letzten Zeit gegen den Strich gingen. Sie zählten zu den wenigen, die schon in London angeheuert hatten und nicht Opfer der Presspatrouille geworden waren. Sie waren anständige, aufrechte Seeleute, und vor allem – beide hatten Frau und Kinder in der Heimat.

»Kidd ist ein armer Teufel«, sagte Roger Kay zu seinem Freund, als sie in einer schwülen Tropennacht in Luv an der Reling standen, über das wie Silber glitzernde Meer blickten und daran dachten, was sie wohl in Karwar erwartete. Die *East India Company* unterhielt dort eine Handelsfaktorei. Und da sich die Vorräte an Holz und Proviant dem Ende zuneigten, wollte Kidd den Hafen anlaufen, um die *Adventure Galley* frisch zu proviantieren.

Edward Tilbury nickte zustimmend. »Er sitzt dick in der Tinte. Und nicht nur er, sondern wir alle. Diese Fahrt hat mit der ursprünglichen Piratenjagd nicht mehr das Geringste zu tun. Die Piratenschiffe meiden uns wie die Pest. Und stattdessen macht Kidd nun verdammt zweifelhafte Prisen. Mir schmeckt das nicht.«

»Du sagst es«, brummte Roger. »Aber Kidd muss Beute machen, sonst geht es ihm an den Kragen.«

»Das geht es ihm so oder so«, meinte Edward Tilbury düster.

»Das mit Parker gefällt mir ganz und gar nicht«, sagte Roger nach einer Weile des Schweigens. »Wenn das bekannt wird, und das wird es irgendwann, ist seine königliche Vollmacht nicht mal mehr das Papier wert, auf dem sie geschrieben steht.«

»Wie man es auch dreht und wendet, wir segeln einen verteufelt gefährlichen Kurs, Roger«, sagte Edward Tilbury. »Totenkopf und seine Bande sitzen Kidd im Nacken. Sie werden nicht zulassen, dass die Fahrt für sie zu einer Pleite wird. Und Kidd wird nichts gegen sie ausrichten können. Sie sind in der Überzahl. Es kann nicht mehr lange dauern, bis sie der Piraterie offen das Wort reden.«

»Darauf werde ich mich nicht einlassen«, erwiderte Roger Kay grimmig. »Ich habe nicht vor, unter Totenkopf zu segeln und am Galgen zu enden.«

»Irgendetwas muss geschehen«, sagte Edward nachdenklich.

»Der Meinung bin ich auch. Solange wir noch den Absprung machen können, sollten wir es tun«, sagte Roger entschlossen.

Edward sah ihn einen Augenblick schweigend an. Dann sagte er mit gedämpfter Stimme nur ein einziges Wort: »Karwar?«

Roger verstand sofort und nickte. »Kidd tut mir Leid. Aber jeder muss sehen, wo er bleibt.« Und dann fügte er bekräftigend hinzu: »Abgemacht, Karwar!«

Es war Mitte September, als die *Adventure Galley* in den Hafen von Karwar einlief. Vorsichtshalber ankerte Kidd nicht an den Kais, sondern draußen in der Bucht.

Kidd hoffte, dass sich seine merkwürdigen Aktivitäten in den Häfen am Indischen Ozean noch nicht herumgesprochen hatten. Vor allem nicht die Sache mit der Bark und Captain Parker. Doch seine Hoffnung erfüllte sich nicht.

In der scheinbar endlosen Weite des Indischen Ozeans konnte sich ein Schiff zwar feindlichen Schiffen entziehen und versteckt halten. Doch da es nur sehr wenige

Häfen gab, in denen man sich mit neuer Ausrüstung und Proviant eindecken konnte, und die Küstenbewohner engen Kontakt miteinander hielten, machten Neuigkeiten sehr schnell die Runde. Und so war man auch in Karwar bereits über die höchst zweifelhaften Unternehmungen des Captain Kidd bestens informiert.

Kaum war die *Adventure Galley* vor Anker gegangen, als auch schon ein kleines Boot mit zwei Beauftragten der *East India Company* auf das Kaperschiff zustrebte. Die beiden Männer kamen an Bord und stellten Captain Kidd zur Rede. Sie verlangten die unverzügliche Freilassung von Parker und seinem Ersten Offizier.

William Kidd empfing die beiden Männer in seiner Prunkkajüte. Er dachte gar nicht daran zuzugeben, dass Parker und der Portugiese an Bord waren. Vorsichtshalber hatte er sie deshalb im Laderaum eingesperrt.

»Mir scheint, dass Euch gar nicht bewusst ist, welch ungeheuerliche Anschuldigung Ihr soeben von Euch gegeben habt!« Captain Kidd gab sich empört und er spielte die Rolle des beleidigten Ehrenmannes recht überzeugend. »Ihr wisst wohl nicht, mit wem Ihr es zu tun habt, Gentlemen?«

Die beiden Beauftragten der *East India Company* wurden in ihrer Meinung schwankend. Es gab Gerüchte, schön und gut. Aber solange keine hieb- und stichfesten Beweise vorlagen, war es nicht ratsam, sich mit einem Mann wie Kidd anzulegen. Man konnte nie wissen, wie gut seine Beziehungen in England waren. Immerhin besaß er ja diese königliche Vollmacht.

»Ich reise mit einer Sondervollmacht des Königs!«, fuhr Kidd hochtrabend fort, als er merkte, dass die Männer unsicher wurden. »Und ich kann mir nicht vorstellen, dass der König erfreut sein wird zu hören, dass man mir Schwierigkeiten macht. Ich habe einen Auftrag zu erfüllen.«

Die beiden Geschäftsleute bemühten sich nun zu versichern, dass sie nicht im Traum daran gedacht hätten, ihn zu beschuldigen. Es sei eben nur ihre Pflicht, auch Gerüchten nachzugehen. Und Kidd möge ihre Fragen entschuldigen. Aber da er ihnen so großzügig Auskunft gegeben habe, sei diese unerfreuliche Angelegenheit ja erledigt und man könne sich nun anderen Dingen zuwenden.

Kidd triumphierte, doch es war ein schaler Triumph. Er hatte Zeit gewonnen, mehr aber auch nicht. Irgendwann würde die Wahrheit ans Tageslicht kommen.

»Ich benötige Holz und Proviant. Auch die Wasserfässer müssen aufgefüllt werden«, sagte Kidd, und die Beauftragten der Handelsfaktorei versicherten, sich sofort darum kümmern zu wollen. Als sie von Bord gingen, waren sie halbwegs von Kidds sauberer Weste überzeugt.

Aber erst am nächsten Tag sollte mit der Proviantierung der *Adventure Galley* begonnen werden, da mittlerweile die Dämmerung hereingebrochen war und Karwar wenig später unter dem tropischen Nachthimmel lag.

Roger Kay und Edward Tilbury hatten gehofft, mit dem Beiboot desertieren zu können. Doch da es noch nicht zu Wasser gelassen worden war, würden sie wohl oder übel an Land schwimmen müssen.

Die beiden Männer hielten sich, wie auch die meisten anderen, an Deck auf und gaben sich unauffällig. Was sie vorhatten, war schlichtweg Desertation, und darauf stand eine schwere Strafe. Möglicherweise sogar der Strang, wenn das Gericht das Kriegsrecht auch auf die Männer der *Adventure Galley* anwendete. Sie würden schon einen gewichtigen Grund angeben müssen, warum sie das Schiff heimlich verlassen hatten.

Es ging auf Mitternacht zu. Fast alle Matrosen hatten ihr Nachtlager auf dem Oberdeck bereitet, da sich die Hitze des Tages unter Deck staute.

»Jetzt oder nie!«, raunte Roger Kay seinem Freund zu, als die Deckwache döste.

Lautlos schwangen sich die beiden Männer über die Reling und sprangen ins Wasser. Das Aufklatschen war nicht zu überhören. Tom Bone, der Wache hatte, schreckte hoch.

»Wer da?«, rief er in die Dunkelheit und alarmierte Kidd, als sich das Geräusch der Schwimmer schnell vom Schiff entfernte.

Roger und Edward schwammen, so schnell sie konnten. Es war ja möglich, dass Kidd das Beiboot zu Wasser ließ und es ihnen hinterherschickte. Sie hörten die aufgeregten Stimmen an Deck der *Adventure Galley,* und ihnen schien, als würden die Lichter des Hafens gar nicht mehr näher kommen. Doch dann tauchten endlich vor ihnen die Kais aus der Dunkelheit auf. Erschöpft kletterten sie die Holzleiter an einer Kaimauer hinauf und trafen auf einen verdutzten Fischer.

»Wer seid ihr?«, fragte der bärtige Mann.

»Wir kommen von der *Adventure Galley*. Führe uns zum Geschäftsführer des Handelskontors!«, verlangte Roger Kay in einem betont barschen Befehlston. »Wir haben wichtige Nachrichten für ihn.«

Der Fischer überlegte kurz, zuckte dann mit den Achseln und sagte mürrisch: »Folgt mir!«

Kurz darauf standen die beiden Deserteure in ihren nassen Kleidern dem Geschäftsführer der *East India Company* gegenüber und berichteten, dass Captain William Kidd gelogen und Parker sowie den Portugiesen sehr wohl an Bord hatte.

Roger Kay schloss mit den Worten: »Captain Kidd befindet sich auf dem bösen Weg der Piraterie, Sir! Wir hielten es für unsere Pflicht, Euch davon Mitteilung zu machen.«

Der Geschäftsführer betrachtete sie mit grimmiger Zufriedenheit. Der Bericht seiner Beauftragten, die er an Bord von Kidds Schiff geschickt hatte, hatte ihn nicht überzeugen können. Nun endlich hatte er Beweise und Zeugen. »Seid ihr bereit, eure Aussage in Bombay unter Eid zu wiederholen?«

»Jederzeit, Sir!«, versicherten Roger und Edward. Es tat ihnen um Kidd Leid, doch hier ging es in erster Linie um ihren Hals. »Wir sagen nur die Wahrheit und die brauchen wir nicht zu fürchten.«

William Kidd hatte die Mannschaft seines Schiffes unterdessen antreten lassen und festgestellt, wer die Deserteure waren. Die Tatsache, dass es sich bei den beiden um sehr zuverlässige Männer handelte und nicht um solche Schurken wie Pickwick, Langdon oder Moore, traf ihn hart. Machte sie ihm doch deutlich, dass es von Monat zu Monat immer weniger Männer gab, denen er vertrauen konnte.

Kidd musste damit rechnen, dass Roger Kay und Edward Tilbury ihn an die *East India Company* verraten hatten und diese nun darüber informiert war, dass er, William Kidd, sie belogen hatte. Karwar konnte er daher abschreiben. Hier würde er nicht einen Span Holz und nicht eine Messerspitze Proviant erhalten, das war sicher.

»Wir laufen sofort aus!«, befahl Kidd. Er vermochte kaum seine Wut über das ungnädige Schicksal zu unterdrücken, das ihm immer und immer wieder zusetzte.

Keiner der Männer widersetzte sich dem Befehl. Totenkopf und seine Freunde befürworteten Kidds Entscheidung sogar uneingeschränkt. Bedeutete sie doch, dass es nun keinen Weg mehr zurück gab.

Der Tod des Geschützmeisters

Die *Loyal Captain*, ein schwer beladenes englisches Frachtschiff, lag beigedreht im Lee der *Adventure Galley*. Es war November, und Kidd hatte das Frachtschiff, das mit nördlichem Kurs segelte und sich auf der Fahrt von Madras nach Surat befand, gestoppt. Die Hoffnung auf fette Beute erfüllte sich jedoch nicht. Die *Loyal Captain* war ein hundertprozentig englisches Schiff. Davon hatte Kidd sich selbst überzeugt und die Papiere sorgfältig geprüft.

Scotty roch den Ärger, der aufzog. Er trat zu Darby Mullins. »Gleich kann das Pulverfass hochgehen«, raunte er ihm zu. »Kidd wird die *Loyal Captain* nicht zur Plünderung freigeben. Das würde den Galgen bedeuten.«

Darby Mullins nickte. Kidd kletterte gerade die Jakobsleiter hoch. »Wir sollten Vorsorge treffen, Scotty.«

Der Bootsmann nickte. »Daran habe ich auch schon gedacht, Darby. Totenkopf und seine Spießgesellen werden vor Wut kochen, wenn Kidd ihnen das Entern verbietet. Und ich verwette meine Perle, dass er das tun wird!«

»Ich bin vorbereitet«, sagte Darby und tastete unwillkürlich nach der Muskete hinter seinem Gürtel. »Sorg dafür, dass die Männer, auf die wir zählen können, nicht überrascht sind, wenn es gleich zum Sturm kommt.«

»Ich habe Bone und Dreifinger-Dick schon Anweisungen gegeben. Sie sagen den anderen Bescheid.«

Darby Mullins blickte über das Deck. Er bemerkte, wie sich die Matrosen, die zu Kidd hielten, günstig postierten und ihre Handfeuerwaffen bereithielten, und hoffte, dass die Auseinandersetzung nicht in einem blutigen Kampf endete.

Captain Kidd schwang sich über die Reling. Kaum hatte er seinen Fuß an Deck gesetzt, als William Moore auf ihn zutrat. Ungeduld und Raublust standen ihm ins Gesicht geschrieben.

»Wie lange wollen wir noch warten, Captain?«, fragte er unwillig. »Eine bessere Prise als die *Loyal Captain* hat unseren Kurs bisher noch nicht gekreuzt!«

Kidd sah ihn eisig an. »Das ist ein englisches Schiff! Daran gibt es nicht den geringsten Zweifel. Wir werden es ziehen lassen. Es sind Landsleute…«

»Ich kenne keine Landsleute!«, bellte der Geschützmeister. »Ich kenne nur schlechte und gute Prisen. Und der Teufel soll mich holen, wenn das da drüben keine gute Prise ist!« Er deutete mit seiner Muskete auf das Frachtschiff hinüber.

»Das wäre Piraterie!«, fuhr Kidd ihn an.

Die Männer hinter William Moore lachten verächtlich.

»Wir gehen schon am Bettelstab!«, warf Moore dem Captain zornig vor. »Und das nur, weil Ihr stets die falschen Entscheidungen trefft! Es ist an der Zeit, den Tatsachen ins Auge zu sehen, Captain. Wir wollen Beute machen, und ich glaube nicht, dass Ihr uns davon abhalten könnt!«

»Richtig!«, schrie Charly Langdon. »Kidd soll das Schiff zum Plündern freigeben!«

»Niemals!«, erwiderte Kidd. In seinem Gesicht zuckte es, als er die feindseligen Blicke der Männer sah. Besonders das geringschätzige Grinsen von diesem Erzschurken Pickwick brachte ihn in Rage. »Wer sich meinen Befehlen widersetzt, wird am Galgen enden!«

»Das wird sich erst noch zeigen!«, schrie jemand aufgebracht.

Totenkopf verfolgte den hitzigen Wortwechsel aufmerksam, ohne sich jedoch daran zu beteiligen. Er spürte genau, dass der Zeitpunkt für eine erfolgreiche Meuterei noch nicht gekommen war. Viele sympathisierten mit der Piraterie, doch noch waren nicht genügend Männer bereit, sich offen und mit Waffengewalt gegen Kidd zu stellen. Zu tief war ihnen der Respekt, den sie ihrem Captain entgegenzubringen hatten, in Fleisch und Blut übergegangen.

William Moore scherte sich einen Teufel darum. Er war von seiner Gier nach Beute derart besessen, dass er nicht der Vernunft, sondern seinen Gefühlen den Vorzug gab. Totenkopf war das nur recht. Sollte sich Moore ruhig mit Kidd anlegen. Gelang es ihm wirklich, Kidd auszuschalten, würde er, Totenkopf, die Macht schon noch rechtzeitig an sich reißen. Schlug die Meuterei jedoch fehl, konnte ihm niemand etwas anhaben. Totenkopf hatte es nicht eilig. Er wägte seine Chancen eiskalt ab – und letztlich würde er der Gewinner sein.

William Moore riss die Muskete hoch. »Wir werden das Schiff plündern!«, gellte seine Stimme hasserfüllt über das Deck.

Darby Mullins fand, dass es nun an der Zeit war einzuschreiten. Etwa zwanzig Matrosen hatten ihre Handfeuerwaffen gezogen und waren allem Anschein nach entschlossen, der Forderung des Geschützmeisters mit ihren Waffen Nachdruck zu verleihen, während der Rest sich noch zögernd verhielt. Jetzt bestand die beste Gelegenheit, die Meuterei abzuwehren.

Darby Mullins nickte Scotty kaum merklich zu und sagte dann mit schneidender Stimme: »Runter mit der Waffe, Moore! Sonst bist du ein toter Mann!« Mullins hielt seine Muskete auf den Geschützmeister gerichtet.

William Moore fuhr herum und sah die Muskete in der Hand des Steuermanns. »Damit bluffst du mich nicht, Mullins! Ich stehe nicht alleine da!«

»Wir auch nicht!«, rief Scotty hinter seinem Rücken.

Unruhe entstand unter den Meuterern. Sie mussten nun feststellen, dass auf dem Achterdeck und auf dem Vorschiff mindestens dreißig Mann postiert waren, die ihre Waffen auf sie gerichtet hielten. Unsicher blickten die Meuterer in die Runde, in der Hoffnung, dass der Rest der Mannschaft sie unterstützen würde. Doch da Totenkopf keine Anstalten machte, für William Moore Partei zu ergreifen, verhielten sich die restlichen Matrosen, etwa fünfzig Mann, abwartend.

»Runter mit der Waffe, Moore!«, forderte Darby Mullins ihn noch einmal auf. »Das ist deine letzte Chance. Wenn hier jemand zur Hölle fährt, bist du der Erste, der diese Reise antritt!«

Unbändige Wut flammte in William Moores Augen auf, als er Totenkopfs gleichgültigen, ja fast amüsierten Blick bemerkte. Er wusste, dass er das Spiel verloren hatte, und ließ die Muskete sinken. Die anderen folgten seinem Beispiel.

»Das letzte Wort ist noch nicht gesprochen«, keuchte der Geschützmeister.

»An die Arbeit, Männer!«, rief Scotty nun.

Die Meuterei war abgewendet worden, doch die Unzufriedenheit blieb und verwandelte sich bei vielen, darunter auch William Moore, in brennenden Hass. Die *Loyal Captain* setzte ihre Fahrt fort, doch Darby Mullins machte sich keine Illusionen. Sie hatten nur etwas Zeit gewonnen, das war alles. Beim nächsten Mal würden die Meuterer deutlich in der Mehrzahl sein und Kidd keine Chance lassen.

Kidd war intelligent genug, um das auch selbst zu erkennen. Die Verantwortung und die hoffnungslose Lage setzten ihm schwer zu. Stundenlang schloss er sich in seiner Kajüte ein und grübelte. Jetzt wünschte er, er hätte in einigen Fällen während der vergangenen zwei Jahre anders gehandelt. Nun aber war er in gefährliches Fahrwasser geraten, und er sah keinen Ausweg aus diesem Mahlstrom, der ihn zu vernichten drohte. Eine tiefe Verzweiflung, verbunden mit Zorn, erfüllte ihn. Doch da er seinen bitteren Zorn nicht an denjenigen auslassen konnte, die ihn zu dieser verhängnisvollen Fahrt geradezu gezwungen hatten, richtete er ihn gegen die Meuterer und besonders gegen William Moore.

Er war mittlerweile zu der Überzeugung gelangt, dass der Geschützmeister die treibende Kraft der Aufrührer an Bord war. Pickwick schien das Kommando an den Geschützmeister abgetreten zu haben.

»Dieser Hundesohn Moore ist mein Hauptfeind«, sagte sich Kidd immer wieder und ahnte nicht, welch verhängnisvollen Fehler er damit beging. »Mit ihm muss ich fertig werden. Wenn mir das nicht gelingt, steuern wir ins Verderben.«

In dem Geschützmeister sah Kidd die Wurzel des Übels, er war für ihn wie ein böser Fluch, der über dem Schiff lag.

Am 30. Oktober des Jahres 1697 kam es dann zur letzten Auseinandersetzung zwischen William Moore und Captain Kidd. Und einige Matrosen sagten später aus, Captain Kidd habe diesen Streit absichtlich heraufbeschworen.

Als Kidd an diesem Tag an Deck erschien, saß William Moore mittschiffs auf der Ladeluke. Er war mehrere Tage krank gewesen. Und während die Deckswache beim Spleißen, Schrubben und Geschützreinigen war, schliff Moore lustlos und fast nachlässig ein Stemmeisen.

Kidd fuhr ihn sogleich an und warf ihm vor, die Krankheit nur vorgeschoben zu haben, um sich vor schwerer körperlicher Arbeit drücken zu können.

Es schien so, als hätte William Moore nur auf solch einen Augenblick gewartet, um seinen tief sitzenden Groll loszuwerden. Ohne auf den Vorwurf des Captains einzugehen, schrie er zurück: »Ihr habt uns um unseren Beuteanteil gebracht! Wir hätten das Schiff nehmen können. Und es hätte uns nicht eine verdammte Kanonenkugel gekostet!«

Captain Kidd blickte ihn wütend an. »Den Kopf hätte

es uns gekostet. Um deinen wäre es sicherlich nicht allzu schade gewesen.«

»Überlegt, was Ihr sagt!«, warnte ihn der Geschützmeister.

Wut und Verachtung zeigten sich auf Kidds Gesicht. »Die Sonne muss dir den letzten Rest Verstand aus dem Hirn gebrannt haben, Moore! Wir segeln mit Sondervollmacht des Königs und nicht unter der Totenkopfflagge. Aber das scheinst du nie begriffen zu haben. Doch solange ich hier das Kommando führe, wirst du meine Befehle ausführen. Und wer sich weigert, wird in Eisen gelegt!«

William Moore verzog geringschätzig seinen Mund. »Zum Teufel mit Eurer Sondervollmacht! Habt Ihr nicht längst begriffen, dass sich niemand etwas aus Eurem Papier macht? Wäret Ihr denn sonst nicht in Karwar geblieben, statt bei Nacht heimlich zu flüchten? Nein, niemand hält Euch für einen vom König ausgeschickten Piratenjäger, Captain!«

»Schweig!«

»Ich denke nicht daran!« William Moore hatte sich in Rage geredet und war aufgesprungen. »Ihr habt uns ins Verderben gestürzt. Und das ist nicht nur meine Meinung! Wir sind verloren und Ihr habt daran die Schuld!«

Kidd zitterte innerlich vor unbändigem Zorn auf diesen Mann. »Du weißt nicht, was du da redest, Moore!«

»O ja, das weiß ich sehr wohl. Wir sind verloren. Und für uns gibt es nur noch einen Weg, um das Verderben abzuwenden. Wir müssen Prisen machen, Beute!

Und zum Teufel damit, welche Flagge die Schiffe führen!«

»Schweig, du räudiger Hund!«, brüllte Kidd ihn an.

Und Moore brüllte zurück: »Wenn ich ein räudiger Hund bin, dann habt Ihr mich dazu gemacht!«

»So, ich habe dich ins Verderben gestürzt und aus dir einen räudigen Hund gemacht?«, schrie Kidd mit hassverzerrtem Gesicht und packte einen eisenbeschlagenen Kübel. »Dann wird es Zeit, dass ich dich auch wie einen räudigen Hund behandle!«

William Moore sah die plötzliche Mordlust in Kidds Augen. Seine Hand glitt blitzschnell zum Gürtel, in dem sein Segelmesser steckte. Für einen Moment glaubte er, Kidd endlich da zu haben, wo er ihn haben wollte. Kidd griff ihn an, und wenn er ihn jetzt niederstach, war das gerechtfertigte Notwehr, und die Macht lag dann endlich in seinen Händen. Wenn Kidd tot war, würden sich alle Matrosen hinter ihn stellen.

Doch William Moore war sich seiner Sache entweder zu sicher oder aber von der Krankheit immer noch ein wenig geschwächt. Auf jeden Fall war er mit seinem Messer nicht schnell genug. Captain Kidd schleuderte den schweren Kübel gegen Moores Kopf und traf den Geschützmeister genau oberhalb des rechten Ohres.

William Moore schrie auf. In seinem Kopf schien eine ganze Pulverkammer zu explodieren. Vor seinen Augen wurde es schwarz. Er wollte das Messer hochreißen, doch plötzlich hatte er keine Gewalt mehr über seinen Körper. Das Messer entglitt seiner kraftlosen Hand. Als er auf die Decksplanken schlug, war er bereits bewusstlos.

Lähmendes Schweigen senkte sich über die *Adventure Galley.*

»Na los, schafft ihn nach unten!«, rief Kidd zwei Männern zu, die zu den Freunden des Geschützmeisters zählten. Der Schreck stand ihnen ins Gesicht geschrieben. »Zum Teufel mit ihm! Der Halunke hat bekommen, was er verdiente!«

Die Matrosen brachten den immer noch bewusstlosen Geschützmeister unter Deck, während Kidd in seine Kajüte zurückkehrte. Darby Mullins suchte ihn augenblicklich dort auf. Er machte ihm keine Vorwürfe. Damit war jetzt keinem mehr geholfen. Doch sie mussten den Tatsachen ins Auge blicken.

»Es sieht böse um ihn aus«, sagte der Steuermann.

»Mag er zur Hölle fahren!«, murmelte Kidd düster.

»Wir sollten auf alles vorbereitet sein«, sagte Darby Mullins. »Das wird noch mehr böses Blut geben. Nicht dass ich irgendetwas für Moore übrig gehabt hätte, aber er besitzt viele Freunde unter den Matrosen.«

»Halunken, alles Halunken. Mein Gott, was ist nur aus diesem Schiff geworden…«

»Wir sollten ausreichend Waffen, Pulver und Wasser hier ins Achterschiff in unsere Kajüten bringen«, kam der Steuermann zum Kern seines Anliegens, »damit wir gerüstet sind und uns notfalls hier verschanzen können.«

Captain Kidd schwieg.

»Es ist eine Vorsichtsmaßnahme, weiter nichts«, fügte Darby Mullins hinzu.

Kidd seufzte. »Ja, so weit ist es schon gekommen. Wir

müssen uns vor unseren eigenen Matrosen in Acht nehmen.« Sein Körper straffte sich wieder. Der Moment der Schwäche war vorbei. Sein unbeugsamer Wille ließ Selbstmitleid nicht zu. »In Ordnung, Mullins. Veranlasst alles Notwendige. Aber sorgt dafür, dass niemand aus der Mannschaft etwas davon erfährt. Scotty, Tom Bone und dem Koch können wir blindlings vertrauen.«

»Auch noch gut zwanzig weiteren Männern.«

Kidd nickte. »Dennoch, weiht sonst keinen ein.«

»Aye, aye, Captain.« Darby Mullins verließ die Kajüte des Captains und begann mit der Ausführung dieses Planes. Eines Tages würde vermutlich ihr Leben von genügend Wasser, Waffen und Pulver abhängen.

Am nächsten Morgen starb William Moore. Schädelbruch. Er war nicht wieder zur Besinnung gekommen. Kidd hatte das erdrückende Gefühl, als würde damit die Last der Verantwortung auf seinen Schultern noch schwerer. Nach William Moores Tod fühlte er sich keineswegs erleichtert, im Gegenteil. Irgendwie erschien ihm die Zukunft schwärzer als jemals zuvor.

Einen jedoch gab es an Bord der *Adventure Galley*, der sich über den Tod des Geschützmeisters aus tiefstem Herzen freute – Totenkopf. Nicht nur, dass die meisten Matrosen jetzt Kidd noch mehr hassten als zuvor, nun war auch der Weg endgültig für ihn, Jonathan Marvin Pickwick-Totenkopf, frei.

Eine verhängnisvolle Prise

Merkwürdigerweise schien sich nach dem gewaltsamen Tod des Geschützmeisters das Glück endlich der *Adventure Galley* zuzuwenden. Ein unter französischer Flagge segelnder Kauffahrer kreuzte Kidds Kurs und zum ersten Mal machten die englischen Kaperer richtige Beute. Zwar waren Captain und Offiziere des Schiffes *Maiden* Holländer, doch da sie Kidd einen französischen Pass vorwiesen, fackelte er diesmal nicht lange. Er nahm den Pass an sich und gab das Schiff zur Plünderung frei.

Die Holländer wurden an Land gesetzt, und die maurische Besatzung durfte mit dem Beiboot abziehen, während Kidd die Ladung gegen Gold eintauschte. Zum ersten Mal nach zwei Jahren Kaperfahrt bekamen die Matrosen Gold in die Hände und das versöhnte sie etwas mit Kidd. Totenkopf allerdings war das gar nicht recht.

Das neue Jahr 1698 begann ebenfalls viel versprechend. Die *Adventure Galley* brachte eine maurische Ketch und ein portugiesisches Handelsschiff auf. Dass das portugiesische Schiff Waren im Auftrag der *East India Company* transportierte, schreckte Kidd nicht. Zähneknirschend hatte er sich zu dem Entschluss durchgerungen, seinen Männern nachzugeben. Denn sie stellten eine weit größere Gefahr dar als das englische Gesetz und seine Partner im fernen London.

Ende Januar kreuzte die *Adventure Galley* vor der indischen Küste, etwa dreißig Meilen nördlich von Cochin. Das Wetter war schlecht und die Sicht betrug nur wenige Meilen.

Am 30. Januar erspähte der Ausguck ein großes Handelsschiff. Sofort ließ Kidd alle Segel beisetzen und nahm die Verfolgung auf, während das Schiff in Gefechtsbereitschaft gebracht wurde. Die Jagd auf das flüchtende Handelsschiff dauerte Stunden. Und in dieser Zeit stellte die aufgeregte Mannschaft, die fette Beute vor Augen, Überlegungen darüber an, was das Schiff wohl an kostbaren Waren geladen haben mochte.

»Tod und Teufel, das wird eine saftige Prise!«, äußerte sich Tom Bone begeistert. »Das ist mindestens ein Fünfhunderttonnenschiff und es liegt verteufelt tief im Wasser.« Der Handelsfahrer war fast doppelt so groß wie die *Adventure Galley*, eine mehr als lohnende Beute also, wenn die Ladung nur stimmte.

»Welche Flagge ziehen wir auf, Captain?«, erkundigte sich Scotty, als sie sich bis auf Schussweite genähert hatten.

»Die französische«, sagte Kidd, ohne zu zögern.

Der Flaggentrick hatte ihnen schon zweimal gute Dienste geleistet. Es war eine zwar unfeine, dafür aber sehr übliche Kriegslist. Zog das gegnerische Schiff ebenfalls die französische Flagge auf, hatte Kidd das legitime Recht, es als freie Prise für England zu kapern.

»Und setzt ihm einen Schuss vor den Bug, damit sie drüben wissen, dass wir nicht spaßen! Der Captain soll

116

mit seinen Papieren zu uns an Bord kommen!«, trug Captain Kidd dem Bootsmann auf.

Scotty lachte. »Aye, aye. Nichts lieber als das!«

Die französische Flagge wurde gehisst und dann donnerte eines der Steuerbordgeschütze. Die Kugel schoss über die raue See und schlug eine Viertel Kabellänge vor dem Bug des Handelsschiffes aufspritzend ins Wasser.

Der Handelsfahrer drehte folgsam bei, hisste die französische Flagge und ließ ein Beiboot zu Wasser, das sich der *Adventure Galley* mit schnellen Riemenschlägen näherte.

Zwei sehr unterschiedliche Männer kletterten bald darauf an Bord. Der eine von ihnen, der sich als Captain des Schiffes *Quedah Merchant* ausgab, war ein alter Franzose. Sein Begleiter stellte sich als der armenische Besitzer vor.

Kaum waren die beiden Männer an Bord der *Adventure Galley*, als auch schon die französische Flagge eingeholt und nun die englische gesetzt wurde.

»Ihr seid eine Prise Englands!«, begrüßte Kidd sie triumphierend, als er den französischen Pass des angeblichen Captains in den Händen hielt.

Erschrecken und Fassungslosigkeit traten auf die Gesichter der beiden Männer.

»Ich bin bereit, ein angemessenes Lösegeld zu zahlen, wenn Ihr uns unbeschadet ziehen lasst!«, bot der armenische Eigner Kidd an, nachdem er sich von dem Schock erholt hatte.

William Kidd lachte im Hochgefühl seines Triumphes. »Was seid Ihr denn bereit zu zahlen?«, fragte er.

»Zweitausend englische Pfund!«

»Haltet Ihr mich für einen Krämer, der sich mit solch lächerlicher Summe zufrieden gibt?«, fragte Kidd spöttisch.

»Dreitausend Pfund!«, erhöhte der Eigner nun sein Angebot. Es war eine stolze Summe. Doch Captain Kidd lehnte auch diesen Betrag als völlig unangemessen ab.

Er ging mit seinem Schiff längsseits der *Quedah Merchant* und inspizierte die Fracht. Die Begeisterung von Kidd und seiner Mannschaft kannte keine Grenzen, als sie sahen, was für eine Prise ihnen da in die Falle gegangen war. In den Laderäumen der *Quedah Merchant* lagerte eine wahrlich kostbare Fracht: Seide, Musseline, Zucker, Eisen, Salpeter, Geschütze und Goldmünzen.

»Warum soll ich dreitausend Pfund Lösegeld annehmen, wenn ich die gesamte Ladung für mindestens das Dreifache verkaufen kann?«, amüsierte sich Kidd, als er an diesem Abend zusammen mit seinem Ersten Offizier und Darby Mullins speiste. »Jetzt sind wir fein raus. Die *Adventure Galley* macht Profit.« Er war auf einmal überzeugt, die Kaperfahrt zu einem glücklichen und für alle Beteiligten profitablen Abschluss bringen zu können.

Kidd verkaufte einen Teil der Ladung für zehntausend Pfund an Land und verteilte das Geld unter der Besatzung, um seine Stellung zu sichern. Solange die Männer gute Beute machten, brauchte er eine Meuterei nicht zu befürchten.

Die *Adventure Galley* nahm nun Kurs auf Madagaskar, gefolgt von der *Quedah Merchant* mit einem Prisenkommando an Bord. Kidds Schiff bedurfte dringend einer gründlichen Überholung. Fugen und Ritzen mussten neu kalfatert werden. Rankenfußkrebse hatten den Rumpf mit einer dichten Schicht überzogen und beeinträchtigten die Seetüchtigkeit und die Schnelligkeit des Schiffes. Diese Rankenfußkrebse mussten abgebrannt werden.

Aber schlimmer noch als die Krebse waren die Schiffsbohrwürmer, die den Unterwasserrumpf übel zugerichtet hatten. Die Planken waren an vielen Stellen so zernagt und durchlöchert, dass die *Adventure Galley* stark leckte. Der Rumpf benötigte deshalb eine neue Schutzschicht aus Teer, Talg und Schwefel. Und ein Teil der Planken musste ersetzt werden.

Dass Kidd Kurs auf Madagaskar nehmen ließ, hatte seinen guten Grund. Zunächst einmal gab es dort geschützte Buchten und Häfen, wo er Frischwasser und Proviant übernehmen konnte. Entscheidender aber war für Kidd, dass die Gewässer um Madagaskar häufig von Piratenschiffen aufgesucht wurden. Und Kidd war nach der gelungenen Kaperung der *Quedah Merchant* mehr denn je entschlossen, seinen ursprünglichen Auftrag zu erfüllen, Jagd auf Piraten zu machen. Dabei gab er sich jedoch einer gefährlichen Illusion hin…

Sie waren schon sechs Tage gesegelt, als Kidd erkennen musste, dass ihm ein verhängnisvoller Fehler unterlaufen war. Darby Mullins, der das Kommando über die *Quedah Merchant* übernommen hatte, überbrachte die erschreckende Nachricht.

Der Wind war eingeschlafen und die Schiffe dümpelten mit schlaffen Segeln auf der glitzernden See. Kidd beobachtete vom Achterdeck aus, wie auf der *Quedah Merchant* ein Beiboot zu Wasser gelassen wurde, in das zwei Männer hinunterkletterten. Einer von ihnen war Darby Mullins.

Kidd ahnte nichts Böses. Er nahm an, dass Mullins die Windstille für einen Schwatz und Nachrichtenaustausch nutzen wollte. Doch als der Steuermann an Bord kam und Kidd sein verschlossenes Gesicht bemerkte, wurde er unruhig. Und das Erscheinen des untersetzten Mannes mit den scharfen Gesichtszügen hinter Mullins beunruhigte Kidd noch mehr.

»Nicht hier«, murmelte Darby Mullins, als Kidd zu einer Frage ansetzte.

»Gut, dann in meiner Kajüte«, sagte Captain Kidd und ging voraus.

Kaum war die Tür der Kajüte hinter den drei Männern zugefallen, als Darby Mullins ohne lange Umschweife zum Thema kam. Er deutete mit einer knappen Handbewegung auf seinen Begleiter und sagte: »Das ist Mister Wright!«

Kidd zog die Augenbrauen hoch. Ein Engländer an Bord der *Quedah Merchant*. Das bedeutete nichts Gutes. Doch er verstand nicht, was Mullins meinte. »Ja, und?«

»Captain Wright!«, korrigierte sich der Steuermann nun und sah, wie Kidd zusammenschreckte. Das Entsetzen war ihm deutlich anzusehen.

»Ihr seid der Captain der *Quedah Merchant*?« William Kidds Stimme hatte einen rauen Klang.

Captain Wright nickte. »Hier sind meine Papiere!«

William Kidd starrte ihn ungläubig an. »Ja, aber … der Franzose …«

»…ist mein Geschützmeister«, fiel ihm Captain Wright mit müder Stimme ins Wort. »Er hielt Euer Schiff für einen feindlichen Franzosen und ließ daher die französische Flagge hissen. Er zeigte Euch auch einen französischen Pass vom Generaldirektor der französischen Ostindien-Gesellschaft in Bengalen. Aber das ändert alles nichts daran, dass die *Quedah Merchant* ein hundertprozentig englisches Schiff ist.«

Mit wachsendem Entsetzen hatte Kidd schweigend zugehört. Dann trat ein wütender Ausdruck auf sein Gesicht. »Zum Teufel noch mal, warum habt Ihr Euch denn nicht zu erkennen gegeben, als ich das Schiff zur Prise nahm?!«

»Zu der Zeit lag ich schwer krank in meiner Koje, Captain«, erklärte Wright. »Und ich muss zugeben, meine Männer hatten Angst vor Euch und Eurer Mannschaft.«

Erst jetzt bemerkte Kidd die kränkliche Hautfarbe des Captains und die müde, scheinbar von schwerer körperlicher Erschöpfung gezeichnete Stimme.

»Ich erfuhr erst heute davon«, warf Darby Mullins nun ein.

»Ihr habt ein englisches Schiff gekapert, Captain Kidd«, sprach Wright nun das aus, was Kidd so mit Entsetzen erfüllte. »Eure Tat wird in England großes Aufsehen erregen. Das ist Piraterie.«

William Kidd fühlte sich plötzlich ausgelaugt wie nach einer schweren, langen Krankheit. Er wusste, welche Konsequenzen seine Tat hatte.

»Wenn Ihr mir aber mein Schiff und den Erlös aus dem Verkauf der Ladung zurückgebt, wird niemand Euch einen Vorwurf machen«, baute ihm Captain Wright nun eine goldene Brücke. »Der Fehler liegt einzig und allein bei meinem Geschützmeister... bis jetzt. Ich hoffe, Ihr trefft die richtige Entscheidung, Captain Kidd.«

Ein bitteres Lächeln flog über Kidds Gesicht. »Mir würde es nicht schwer fallen, die richtige Entscheidung zu treffen. Aber ich hege große Zweifel, was meine Besatzung angeht. Mit viel Glück gelang es mir, eine Meuterei niederzuschlagen.«

»Dann muss es schlimm um Euch und Euer Schiff stehen«, bemerkte Captain Wright.

»Zumindest müssen wir es versuchen«, sagte Darby Mullins.

Kidd nickte. »Rufen wir die Männer an Deck zusammen.« Fünf Minuten später trat er mit Captain Wright an seiner Seite hinaus in die Sonne. Sein Blick glitt über die auf dem Deck versammelte Mannschaft. Und er konnte nur wenig freundlich gesinnte Gesichter in der Menge ausmachen.

»Wir haben einen schrecklichen Fehler gemacht«, begann Captain Kidd und informierte sie über das, was auch er vor wenigen Minuten erst erfahren hatte. Und während er sprach, bemerkte er, wie sich die Mienen der Matrosen veränderten. Erst gelangweilt, dann unwillig und schließlich unverhohlen feindselig blickten sie ihn an.

»Wir müssen das Schiff und auch die zehntausend

Pfund an Captain Wright zurückgeben!«, beschwor Kidd seine Besatzung. »Tun wir es nicht, wird man uns für Piraten und erklärte Feinde Englands erklären. Und was das bedeutet, brauche ich wohl keinem genauer zu beschreiben!«

»Du hättest dir die ganze Rede sparen können!«, rief jemand aus der Menge. »Der Galgen schreckt uns nicht!«

Zustimmendes Gemurmel erhob sich unter den Männern.

»Ich will mich kielholen lassen, wenn ich auch nur einen Penny zurückgebe!«, rief ein anderer nun.

»Lieber ein reicher Pirat als ein armer Kaperfahrer des Königs!«

»Was kümmert uns England?«, übertönte ein anderer das nun einsetzende Stimmengewirr. »Was hat der König schon für uns getan? Nichts! Und ich weiß, wovon ich rede, Leute! Ich bin auf einem Kriegsschiff gefahren und kann mich noch verteufelt gut an den königlichen Lohn erinnern!« Beißender Spott lag in seiner Stimme.

»Peitsche und Skorbut!«, fiel ein anderer ein. »Das ist der Lohn!«

Mit Wohlgefallen registrierte Totenkopf die Verärgerung seiner Kameraden. Er hoffte, dass Kidd auf seinem Standpunkt beharren würde, denn damit waren die Voraussetzungen für eine erfolgreiche Meuterei gegeben.

Kidd versuchte, sich Gehör zu verschaffen. Doch es gelang ihm nicht. Die Matrosen übertönten ihn. Und schließlich gab er es auf.

»Jedes weitere Wort ist überflüssig«, sagte Captain Wright, als Kidd sich ihm zuwandte und etwas sagen wollte. »Es ist bitter für jeden Captain, wenn er erkennen muss, dass er nicht länger über sein Schiff befehligt.« Und zu Darby Mullins sagte er knapp: »Bringt mich auf mein Schiff zurück!«

Kidd hatte eine demütigende Niederlage erlitten. Schwerer aber wog die Tatsache, dass er nun endgültig zum Pirat geworden war. Zum Pirat wider Willen, zugegeben, aber wer würde in England danach fragen? Er war der Captain der *Adventure Galley* und somit für das Schiff und seine Unternehmungen verantwortlich.

Die Schiffe setzten die Fahrt fort und die Seeleute gingen ihrer täglichen Arbeit nach. Doch die Kluft zwischen Kidd und seinen Getreuen und der Besatzung war unüberbrückbar geworden. Es herrschte eine erschreckende Ruhe an Bord, die Ruhe vor dem Sturm. Und Darby Mullins hatte manchmal das Gefühl, als könnte er hören, wie sich die Lunte zischend dem Pulverfass näherte. Und niemand würde die Explosion verhindern können…

Meuterei auf der Adventure Galley

Die kleine Insel Ste. Marie vor der Ostküste von Madagaskar war der beliebteste Stützpunkt der Piraten im Indischen Ozean. Von hier aus brachen die Seeräuber zu ihren Streifzügen auf, und hierher kehrten sie meist auch zurück, wenn es galt, ihre Schiffe kielzuholen.

Dieser Schlupfwinkel der Piraten war natürlich auch der *East India Company* und der britischen Admiralität bekannt, aber viel dagegen zu unternehmen vermochten beide nicht. Wegen der ständigen Kriege mit Frankreich und Spanien sah sich die königliche Marine nicht in der Lage, ein kampfstarkes Geschwader in den Indischen Ozean zu entsenden, um gegen die Piraten in Ste. Marie vorzugehen. Eine derartige Aktion wäre auch zweifellos nicht erfolgreich gewesen und das lag an der besonderen Beschaffenheit von Ste. Marie.

Der flaschenförmige Hafen ließ sich gegen Angreifer von der See her hervorragend und ohne großen Aufwand verteidigen. Zudem war von einem der ersten Piraten, der sich im Gebiet von Madagaskar niedergelassen hatte, auf einem Hügel eine mächtige Festung mit vierzig schweren Geschützen errichtet und der Hafen damit so gut wie uneinnehmbar gemacht worden. Und da die einheimische schwarze Bevölkerung ausgezeichnet vom blutigen Handwerk der Piraten profitierte, war von ihr nichts zu befürchten.

Ste. Marie war für die Piraten sozusagen das Paradies. Hier blühte das Geschäft mit Gold, Juwelen, kostbaren Stoffen und anderen wertvollen Waren. Zudem gab es Branntwein und hübsche Mädchen in Hülle und Fülle.

Als am 1. April 1698 Madagaskar in Sicht kam, gab Captain Kidd den Befehl, den Hafen von Ste. Marie anzulaufen. Seine Besatzung glaubte, Kidd habe sich nun endgültig für den Weg der Piraterie entschlossen. Und da die Nachricht von Kidds Überfall auf die englische *Quedah Merchant* mit Sicherheit auch schon nach Ste. Marie gedrungen war, hatten sie in diesem Piratenhafen nichts zu befürchten. Sie gehörten jetzt ja zu den Gesetzlosen der See.

Doch William Kidd hatte sich in Wirklichkeit immer noch nicht damit abgefunden, von nun an ein Leben als Pirat zu führen. Er hatte ein Zuhause, Familie und Besitztümer. Außerdem hasste er die Piraterie aus tiefster Seele. Deshalb wollte er alles auf eine Karte setzen und versuchen, das ungnädige Schicksal doch noch in die Knie zu zwingen, ja geradezu herauszufordern. Denn was hatte er schon zu verlieren?

Kidds Tragik jedoch war, dass er in der Besessenheit, seinen königlichen Auftrag doch noch zu erfüllen, seine Besatzung völlig falsch einschätzte. Er glaubte, die Männer würden sich wieder hinter ihn stellen, wenn ihnen nur eine ausreichend große Beute sicher war.

Er irrte.

Als die *Adventure Galley* in den Hafen von Ste. Marie einlief, lag dort das Schiff des berüchtigten Piratenan-

126

führers Robert Culliford vor Anker. Es war das erste Mal während dieser langjährigen Fahrt, dass Kidd ein Piratenschiff zu Gesicht bekam. Sofort rief er seine Mannschaft zusammen und beschwor sie, ihre Pflicht zu tun.

»Eine bessere Chance bekommen wir nie wieder!«, redete er auf sie ein. »Wir können Cullifords Schiff im Handstreich entern und ungeheure Beute machen!«

Schallendes Gelächter war die Antwort der Besatzung.

Nun war Totenkopfs große Stunde gekommen. »Lieber feuern wir zehn Schuss auf Euch ab als einen auf Culliford!«

»Zum Teufel mit Captain Kidd!«, schrie nun Charly Langdon und riss seine Muskete aus dem Gürtel. »Schaffen wir uns den königlichen Speichellecker endlich vom Hals!«

Zustimmendes Gejohle erhob sich.

»Totenkopf ist unser neuer Captain!«, brüllte Charly in das Gejohle.

Darby Mullins hatte geahnt, dass es so kommen würde, und sich deshalb mit den wenigen Getreuen hinter Kidd postiert, Waffen in den Händen.

»Knüpft ihn an der Rah auf!«, verlangte jemand und im nächsten Augenblick krachte eine Muskete. Die Kugel sirrte über Captain Kidds Kopf hinweg in den blauen Himmel. Auf der *Mocha Frigate*, Robert Cullifords Schiff, stürmte nun die gesamte Besatzung an Deck.

Charly Langdon hatte geschworen, sich für die Auspeitschung zu rächen. Ihm und keinem anderen sollte es zustehen, William Kidd zu töten.

»Fahr zur Hölle, Kidd!«, schrie er mit hassverzerrter Stimme, richtete seine Waffe auf Kidd und wollte abdrücken.

Doch Scotty, der ihn nicht eine Sekunde lang aus den Augen gelassen hatte, verhinderte den Mord. Sein Entermesser sauste durch die Luft und schlug ihm die Muskete aus der Hand. Der Schuss löste sich, ohne jedoch Schaden anzurichten.

»Zurück!«, rief Darby Mullins, als die Besatzung nun Anstalten machte, sich auf Kidd und seine Hand voll getreuer Männer zu stürzen.

Kidd überlegte nun nicht mehr lange, sondern trat den Rückzug an. Das Krachen der Handfeuerwaffen erfüllte die Luft, doch nur wenige Schüsse waren genau gezielt. Die meisten Kugeln gingen entweder in die Luft oder aber klatschten rechts und links in das Holz der Tür, durch die Kidd mit seinen wenigen ihm getreuen Männern flüchtete. Und bevor Totenkopf mit seinen Meuterern ins Achterschiff eindringen konnte, warf sich Scotty von innen gegen die Tür, schlug sie zu und schob blitzschnell den schweren Riegel vor.

Schwielige Fäuste hämmerten von außen gegen die Tür.

»Kommt raus, ihr feigen Hunde!«, brüllte Charly Langdon mit sich vor Wut überschlagender Stimme. »Jetzt rechnen wir ab, Kidd. Wollen doch mal sehen, wie viel dir deine verdammte königliche Sondervollmacht noch nützt!«

Eine andere Stimme wies Charly scharf zurecht. Es war Totenkopf, der nun offenbar das Kommando übernahm. Er pochte kurz an die Tür und rief: »Captain, hört Ihr mich?«

William Kidd, der abwartend im Gang zu seiner Prunkkajüte stand, verzog das Gesicht. »Ja, Pickwick, ich höre dich sehr gut. Und ich werde mich vor Gericht auch an alles sehr gut erinnern!«

»Zu gütigst, dass Ihr mir so viel Aufmerksamkeit schenkt«, antwortete Totenkopf mit einschmeichelnder, öliger Stimme. »Ich war stets Euer treu ergebener Diener, Captain…«

»Den Teufel warst du!«, fauchte Kidd.

»…bedauerlicherweise scheint das Schicksal gegen Euch zu sein«, fuhr Totenkopf unbeirrt fort. »Und bei allem Respekt, es ist nicht gut, wenn man sich gegen das Schicksal stellt.«

»Dieser Hundesohn hat dem Schicksal aber kräftig auf die Sprünge geholfen… mit Verlaub gesagt«, brummte Tom Bone aufgebracht.

»Sprich…! Was willst du, Pickwick?«, forderte Kidd ihn mit rauer Stimme auf.

»Nichts weiter als ein paar Minuten mit Euch sprechen, Captain. Wenn Ihr mich vielleicht einlassen würdet, sodass ich Euch als Wortführer der Mannschaft unsere Vorschläge unterbreiten kann…«, sagte Totenkopf freundlich.

»Du hältst mich wohl für einen Einfaltspinsel, was?«, rief Kidd nun mit hochrotem Kopf. Am liebsten wäre er an Deck gestürmt und hätte sich auf Pickwick gestürzt.

»Wer es wagt, zu uns vorzudringen, erhält eine Kugel in den Schädel. Habe ich mich klar ausgedrückt?«

»Die Erregung macht Euch unvernünftig, wenn Ihr mir diese Bemerkung erlaubt«, sagte Pickwick. Er war offensichtlich durch nichts aus der Ruhe zu bringen, weil er seiner Sache absolut sicher war. »Ihr habt nur eine Hand voll Leute und kaum Wasser und Lebensmittel …«

»Diesmal liegst du falsch, Totenkopf«, murmelte Darby Mullins grimmig.

»… und so werdet Ihr es nicht lange in den Räumen aushalten. Früher oder später werdet Ihr kapitulieren, Captain«, sagte Totenkopf. »Warum reden wir also nicht schon jetzt miteinander? Ich bin sicher, dass wir uns einigen werden!«

»Einigen?«, hörte man draußen Charly erbost rufen. »Ich will Kidd baumeln sehen!«

Daraufhin folgte eine erregte und mit gedämpften Stimmen geführte Auseinandersetzung zwischen Charly Langdon und Totenkopf. Darby Mullins und Kidd nutzten die Atempause, um die Verteidigung der Achterkajüte zu organisieren.

Neben Tom Bone, Scotty, Dreifinger-Dick, Darby Mullins und William Kidd hatten sich noch neun weitere Männer in die Räume unter dem Achterdeck geflüchtet. Unter ihnen befand sich auch der Erste Offizier Ted Wilson.

Fünf bewaffnete Männer postierten sich in der Prunkkajüte an der Fensterfront. Jeweils einer hockte sich in die beiden fensterreichen Heckerker, von denen aus man jeweils einen Teil der Steuerbord- und Backbord-seite des Schiffes im Auge behalten konnte.

Scotty rollte ein Pulverfass in den Gang, der an den Offizierskajüten vorbei an Deck führte. Er grinste breit. »Falls sie es wagen sollten, die Tür aufzubrechen, blase ich das erste Dutzend von ihnen mit dem Pulver gera-dewegs in die Hölle!«

Kidd nickte schweigend. Er war froh, dass Mullins darauf gedrängt hatte, gewisse Vorkehrungen für den Notfall zu treffen, der nun leider eingetreten war. So wa-ren sie jetzt bestens mit Wasser, Lebensmitteln, Waffen, Pulver und Kugeln versehen. Es würde nicht so leicht sein, ihren Widerstand zu brechen. Vierzehn kampfent-schlossene Männer konnten eine Menge ausrichten, vor allem, wenn sie wussten, dass sie kaum noch etwas zu verlieren hatten.

»Seid Ihr noch da, Captain?«, meldete sich Totenkopf nun wieder.

»Ist dir keine dümmere Frage eingefallen?«, gab Kidd zurück.

»Ich mache Euch einen fairen Vorschlag, und Ihr tätet gut daran, ihn anzunehmen!« Totenkopfs Stimme hatte nun einen leicht ungeduldigen Tonfall. »Ihr kommt mit Euren Freunden ohne Gegenwehr an Deck und verlasst das Schiff. Wir gewähren Euch freien Abzug.«

»Und wer garantiert mir, dass du Wort hältst?«

»Ich gebe Euch mein Ehrenwort!«, antwortete Toten-kopf.

»Das Ehrenwort eines schäbigen Meuterers, dem der Galgen gewiss ist?«, rief Kidd verächtlich.

Nun verlor Totenkopf seine falsche Freundlichkeit und Gelassenheit. »Ich hatte es gut mit Euch gemeint, Kidd! Aber wenn Euch der raue Wind lieber ist, so könnt Ihr ihn haben.«

»Tod und Teufel, ich möchte bloß wissen, warum Totenkopf uns hier herauslocken will«, fragte sich Tom Bone laut.

Darby Mullins lächelte. »Das kann ich dir sagen, Bone. Weil wir heimlich einen Teil der Beute in die Kajüte des Captains geschafft haben. Drei Kisten. Gemünztes Gold, Juwelen, kostbares Tafelgeschirr und wertvolle Stoffe. Das ist der Grund!«

Der alte Segelmacher entblößte sein nahezu zahnloses Gebiss. »Tod und Teufel, dann verstehe ich, weshalb Totenkopf so honigsüße Reden führt. Gold ist das beste Argument, das diese Burschen kennen.«

»Hört zu, Kidd!«, rief Totenkopf nun wieder. »Wir werden ein Geschütz auf die Tür richten. Begebt Euch also aus der Schussbahn ... sofern Ihr es Euch nicht doch noch anders überlegt!«

»Den Teufel werden wir, Pickwick!«, ergriff nun Scotty das Wort. »Und das mit dem Geschütz lasst ihr besser bleiben, wenn ihr auch nur eine Golddublone zu Gesicht bekommen wollt. Wir haben hier nämlich ausreichend Waffen und Munition. Und an Pulver, um die Schatzkisten in die Luft zu sprengen, fehlt es uns auch nicht. Also überlegt euch gut, was ihr tut!«

Einen Augenblick herrschte vor der Tür Schweigen.

»Das ist ein lausiger Trick!«, meinte Totenkopf dann, doch aus seiner Stimme klang Unsicherheit heraus.

»Das wünschst du dir nur, Pickwick!«, erwiderte Scotty. »Aber wenn du sichergehen willst, brauchst du bloß in der Waffen- und Pulverkammer nachzusehen.«

»Das werde ich auch!«, bellte Totenkopf.

Die Männer im Gang hörten, wie die Meuterer erregt diskutierten und sich schließlich von der Tür entfernten, um die Pulverkammer zu inspizieren. Wenige Minuten später kehrte Totenkopf zurück.

»Ihr seid schlauer, als ich gedacht habe«, musste er zugeben. »Aber alles Pulver wird Euch nicht helfen. Wir werden Euch aushungern!«

Erleichterung zeigte sich auf den Gesichtern von Kidds Männern. Die Schlacht war nicht gewonnen, aber immerhin hatten sie Zeit gewonnen.

»Richten wir uns auf eine lange Belagerungszeit ein«, sagte Captain Kidd zu seinen Getreuen und bemühte sich um einen festen, zuversichtlichen Klang seiner Stimme. Er wusste jedoch, dass diese Kraftprobe unmöglich zu seinen Gunsten ausgehen konnte. Die *Adventure Galley* befand sich im Hafen von Ste. Marie, dem Bollwerk der Piraten des Indischen Ozeans. Er saß in der Falle.

Unter Piratenfeuer

Die Nacht lag über der Pirateninsel. Eine dichte Wolkendecke verbarg Mond und Sterne. Es war die finsterste Nacht, seit Kidd sich mit seinen dreizehn Getreuen im Achterschiff verschanzt hatte. Und das lag mittlerweile schon zwei Wochen zurück.

Totenkopf hatte mit dem Piratencaptain Robert Culliford noch am Tag der Meuterei Kontakt aufgenommen. Culliford, ein ehemaliger Kaperfahrer, hatte den Männern von der *Adventure Galley* sofort angeboten, unter seinem Kommando auf der *Mocha Frigate* zu segeln. Fast alle hatten das Angebot auf der Stelle angenommen, und sogar Totenkopf hatte sich auf Cullifords Mannschaftsliste setzen lassen, nachdem dieser ihm einen guten Posten und erhöhten Beuteanteil zugesichert hatte.

Culliford, von Totenkopf über Kidd und die Schatzkisten in der Kajüte informiert, hatte vergeblich versucht, Kidd zur Aufgabe zu überreden. Schließlich war er dazu übergegangen, mit Hilfe von Totenkopfs Männern die *Adventure Galley* systematisch zu plündern und alles auf sein Schiff hinüberzubringen: Tauwerk, Anker, Waffen, Pulver, Proviant, Geschütze und was sonst noch von Wert und Nutzen war. Die Branntweinfässer dagegen wurden meist sofort angeschlagen, kaum dass sie an Deck gebracht worden waren. Und so war es kein

Wunder, dass die Plünderung viele Tage in Anspruch nahm. Die meiste Zeit über befanden sich die Piraten nämlich im Branntweinrausch oder amüsierten sich an Land. Die vierzehn Eingeschlossenen schienen sie völlig vergessen zu haben.

»Wahrscheinlich warten sie so lange, bis uns Wasser und Proviant ausgegangen sind«, vermutete Tom Bone zwischendurch einmal. Doch Darby Mullins und Scotty glaubten nicht so recht daran. Die Vorräte reichten bei knapper Rationierung für mindestens vier, wenn nicht gar sechs Wochen. Und so viel Geduld würden die Piraten wohl kaum aufbringen…

In jener Nacht, als der Himmel wolkenverhangen war, drang von der *Mocha Frigate* lautes Gelächter und Gegröle zu ihnen auf die *Adventure Galley* herüber, die während der Meuterei auf eine Sandbank im Hafen aufgelaufen war. Offensichtlich feierten die Piraten wieder eine ihrer zügellosen Branntweinorgien. Mitternacht war schon vorüber und in der Kajüte der *Adventure Galley* wachten nur noch der Segelmacher Tom Bone und Scotty.

»Zum Henker mit den Piraten!«, murmelte Tom Bone. »Heute Nacht sind die Kerle aber bedeutend lauter als sonst. Das schmeckt mir gar nicht.«

Scotty blickte zu ihm hinüber und lehnte seine Muskete gegen den Fensterrahmen. »Gegen einen Schluck Branntwein hätte ich jetzt auch nichts einzuwenden.«

»Teufel, das meine ich nicht«, brummte Bone.»Ich hab das ungute Gefühl, als führten sie was im Schilde. Die Nacht ist günstig für einen kühnen Handstreich.«

»Wir werden die Augen offen halten, Bone!«, versicherte der Bootsmann.

»Die Ohren auch … mit Verlaub gesagt«, fügte der Segelmacher hinzu.

Eine weitere Stunde verstrich. Tom Bone hatte sich von seinem Schemel erhoben und ging unruhig auf und ab. Plötzlich verharrte er mitten im Schritt, neigte den Kopf und lauschte angestrengt in die Dunkelheit.

»Hast du was gehört?«, fragte Scotty.

»Der Teufel soll meine Seele holen, wenn das nicht Riemenschläge waren«, flüsterte Tom Bone aufgeregt. »Mit Lappen umwickelte Riemen.«

»Dann sollten wir die anderen wecken.«

Tom Bone hob abwehrend die Hand. »Noch nicht. Lass uns noch einen Augenblick warten.« Er kehrte in den Gang zurück und begab sich zur verriegelten Tür, die aufs Deck hinausführte.

Kurz nach der Meuterei hatte Scotty schmale Schlitze aus dem Holz herausgesägt, durch die man einen Musketenlauf stecken konnte. Durch diese Öffnungen hatten sie die Piraten beim Plündern beobachten können. Wurden die Schlitze nicht benötigt, konnte man sie von innen mit schweren Balken verschließen.

Vorsichtig und ohne ein Geräusch zu verursachen, nahm Tom Bone nun den massiven Balken aus der Halterung und spähte hinaus. Es war nichts zu sehen. Dann legte er sein Ohr an den Spalt, schloss die Augen und lauschte auf die Geräusche der Nacht.

Er hörte das Ächzen der Spanten und Masten und das vertraute Plätschern des Wassers, das gegen den Schiffsrumpf schwappte. Irgendwo schrie ein Nachtvogel und über das Wasser drang das Gegröle von der *Mocha Frigate* herüber.

Und dann hörte er es wieder.

Leises, rhythmisches Plätschern.

Riemen, die vorsichtig durch das Wasser gezogen wurden.

Und das Geräusch kam näher, hielt direkt auf die *Adventure Galley* zu.

Piraten!

Tom Bone legte schnell den Balken wieder vor und eilte in die große Prunkkajüte zurück. »Sie kommen!«, rief er Scotty zu. »Die Hundesöhne wollen es wissen. Aber sie werden sich blutige Schädel holen!«

Scotty und Tom Bone weckten die anderen, ohne allzu viel Lärm zu machen. Die Männer griffen in der Dunkelheit zu den Waffen, versorgten sich mit Pulver und Kugeln und verteilten sich im Gang und in den Kajüten.

»Sie denken, sie können uns überraschen«, murmelte der Segelmacher. »Aber diese Suppe werden wir ihnen gehörig versalzen!«

Wenige Augenblicke später war ein schabendes Geräusch zu hören und dann klirrte Metall. Nun gab es wirklich keine Zweifel mehr. Die Piraten versuchten einen nächtlichen Handstreich.

Darby Mullins, der zusammen mit Ted Wilson hinter der Tür Stellung bezogen hatte, beobachtete durch die Schießscharten, wie schattenhafte Gestalten über das Deck eilten. Mullins konnte sich gut vorstellen, was die

Piraten vorhatten. Sie würden sich vom Achterdeck an Tauen zur Fenstergalerie abseilen und die Kajüte zu stürmen versuchen.

Und genauso geschah es auch.

Kidd und seine Leute sahen, wie plötzlich mehr als ein Dutzend Piraten vor den Fenstern der Heckfront auftauchten, Entermesser zwischen den Zähnen und Musketen in den freien Händen.

»Feuer!« Captain Kidds Befehl zerschnitt die angespannte Stille in der Kajüte.

Zehn Musketen krachten fast zur gleichen Zeit. Das farbige Glas splitterte und die Kugeln schlugen den entsetzten Piraten entgegen. Fünf Männer wurden schwer verwundet und stürzten aufschreiend ins seichte Wasser. Die anderen versuchten noch, ihre Handfeuerwaffen auf Kidds Männer zu richten, doch scharfe Klingen fuhren ihnen entgegen. Und nur drei Piraten kamen dazu, ihre Musketen abzufeuern, ohne jedoch viel Zeit zum Zielen zu haben.

Das Mündungsfeuer erhellte für einen kurzen Moment die Kajüte. Beißende Pulverschwaden trieben durch den Raum. William Kidd sah, wie jemand rechts neben ihm von einer Kugel getroffen und zu Boden geworfen wurde. Doch er fand nicht die Zeit, sich um den Verletzten zu kümmern. Der Angriff der Piraten musste zuerst zurückgeschlagen werden.

Eine zweite Gruppe todesmutiger Piraten ließ sich an Strickleitern herunter. Gleichzeitig näherte sich vom Wasser her ein Ruderboot dem Heck des Schiffes.

»Sie versuchen es von zwei Seiten!«, rief Scotty grimmig und feuerte durch die gesplitterten Scheiben auf die Insassen des Beibootes, die das Feuer sogleich aus acht, neun Handfeuerwaffen erwiderten.

»Von drei Seiten!«, korrigierte ihn Tom Bone. »Mit Verlaub gesagt, Mullins und Wilson scheinen auch reichlich zu tun zu haben.«

Erst jetzt bemerkte Scotty, dass auch an der Tür geschossen wurde. Wenn Tom Bone nicht so wachsam gewesen wäre, der Handstreich der Piraten wäre mit Sicherheit gelungen.

In der Dunkelheit blitzten die Musketen auf und ein wahrer Kugelhagel klatschte in das Heck der *Adventure Galley*. Aber die Verteidiger in der Kajüte zahlten mit gleicher Münze zurück. Rings um das Ruderboot spritzte das Wasser auf und mehrere Kugeln fanden auch ihr Ziel. Flüche und Schreie zeigten an, wie gut Kidds Männer getroffen hatten. Und schon bald drehte das Boot ab und entfernte sich eiligst aus dem Schussbereich.

Die Piraten, die sich an den Strickleitern der Heckgalerie genähert hatten, holten sich gleichfalls blutige Köpfe. Scotty empfing sie mit seinen beiden Entermessern, kappte die Taue und machte den Angreifern Beine. Hastig kletterten Cullifords Männer wieder nach oben, als Scotty mit wuchtigen Hieben auf sie einschlug.

Die Piraten zogen sich unter lästerlichen Flüchen und Verwünschungen zurück, sammelten sich oben auf dem Achterdeck und schienen zu beratschlagen. Es fiel kein weiterer Schuss mehr. Und dann drang Robert Cullifords Stimme zu Kidd und seinen Leuten hinunter.

»Alle Achtung, Captain Kidd. Ihr habt Eurem Ruf als beherzter Kapercaptain alle Ehre gemacht. Meine Männer wünschen Euch zum Teufel und würden gern mit einer Breitseite von der *Mocha* nachhelfen.« Er lachte kehlig. »Aber keine Sorge. Ich bin nicht an Eurem Tod interessiert.«

»Weil Ihr das Gold haben wollt!«, antwortete Captain Kidd und fühlte sich so gut wie schon seit langem nicht mehr.

»Damit liegt Ihr richtig«, gab Culliford zu. Dann zog er sich mit seiner Mannschaft zurück.

»Culliford wird sich eine neue Teufelei ausdenken«, sagte Tom Bone ahnungsvoll, als es auf der *Adventure Galley* wieder still geworden war und sie sich um die beiden Verletzten gekümmert hatten.

»Sollen sie nur kommen!«, erwiderte Scotty. »Wir sind gut gerüstet.«

Doch es verstrich eine Woche, ohne dass etwas geschah. Das Warten, die Ungewissheit und vor allem die brütende Hitze machten den vierzehn Männern in der Kajüte allerdings schwer zu schaffen.

Gegen Ende der vierten Woche unternahm Culliford einen erneuten Versuch. Diesmal jedoch wagte er keinen offenen Angriff, sondern versuchte, die Eingeschlossenen auszuräuchern. Trockene Hölzer wurden vor der Tür aufgeschichtet und in Brand gesetzt. Und aus sicherer Entfernung warfen die Piraten brennende Fackeln in die Kajüte.

Auch dieser Versuch misslang. Leider hatte Kidd jedoch viel kostbares Wasser zum Löschen opfern müssen, sodass der Tag nicht fern war, an dem sie zur Aufgabe gezwungen sein würden, wenn sie nicht verdursten wollten. Das Ende der Belagerung war damit abzusehen.

Kidds Pakt mit den Piraten

Der letzte Rest Wasser war unter den vierzehn Männern aufgeteilt worden. Seit dem Angriff mit den Fackeln war fast eine Woche vergangen. Hoffnungslosigkeit breitete sich in der Kajüte aus. Schwitzend und dumpf vor sich hinbrütend, lagen die Männer in jenem Teil des Raumes, der schattig war.

»Von der *Mocha* kommt ein Ruderboot zu uns herüber!«, meldete Ted Wilson, der Wache hatte und an der Fenstergalerie stand, die nach dem ersten Angriff teilweise mit Brettern vernagelt worden war. »Ich kann Culliford erkennen!«

»Schick ihm eine Kugel zur Begrüßung hinüber!«, rief jemand mit müder Stimme.

»Nein, warten wir ab, was er will!«, widersprach Captain Kidd und sprang auf.

Das Ruderboot verschwand aus dem Sichtbereich der Männer. Sie hörten jedoch deutlich, wie es an Steuerbord längsseits ging. Männer kletterten an Bord und unterhielten sich laut mit einer Gruppe von Piraten, die stets auf der *Adventure Galley* Wache hielt.

»Captain Kidd! Ich möchte mit Euch sprechen!«, rief Culliford schließlich jenseits der verbarrikadierten Tür.

Kidd trat in den Gang, gefolgt von Tom Bone, Darby Mullins und Scotty. Er entfernte den Balken vor den Schießscharten und spähte hindurch. Robert Culliford stand hinter der Barriere, die die Piraten aus Holzfässern, Kisten und zwei Geschützen errichtet hatten, deren Mündungen auf die Tür gerichtet waren.

Der Piratencaptain war ein stattlicher, hoch gewachsener Mann mit markanten, fast sympathischen Gesichtszügen. Seine Haut war von Sonne und Wetter gegerbt. Quer über der nackten Brust trug er einen breiten Ledergurt mit Schlaufen, in denen drei Musketen steckten. Das lange, helle Haar des Piraten wurde von einem scharlachroten Seidentuch gebändigt, das er als Stirnband trug.

»Was wollt Ihr, Culliford?«, fragte Kidd.

»Mit Euch verhandeln.«

»Was für eine Teufelei habt Ihr heute im Sinn?«, fragte Kidd. »Wieder brennende Fackeln? Oder wollt Ihr diesmal versuchen, uns zu ersäufen?«

Robert Culliford lachte herzlich. »Zum Henker, keine üble Idee, Kidd. Aber nein, es ist mir wirklich ernst. Ich bin gekommen, um zu verhandeln.«

»Über was?«

»Über einen ehrenvollen Abzug für Euch und Eure Leute und über das Gold!«

»Seit wann versteht Ihr etwas von Ehre?«

Culliford ging auf die bissige Bemerkung nicht ein. »Ihr harrt jetzt schon mehrere Wochen in der Kajüte aus, Kidd. Früher oder später werdet Ihr doch herauskommen, weil Euch das Wasser ausgegangen ist. Ich glaube, damit sage ich Euch nichts Neues.«

Wahrlich nicht, dachte Kidd bitter. Ihre Lage war hoffnungslos. Und laut sagte er: »Nur weiter, Culliford. Ich höre!«

»Ich will nicht lange um den heißen Brei herumreden. Dass ich Captain eines Piratenschiffes bin, will ich nicht leugnen...«

»Das würde Euch auch verdammt schwer fallen!«, meinte Kidd.

»... aber ich war auch einmal Captain eines Kaperschiffes wie Ihr, Kidd«, fuhr Culliford unbeirrt fort. »Doch Rum und Profit hielten sich in jener Zeit in sehr bescheidenen Grenzen, sodass ich zum Pirat wurde. Und Profit ist es auch, was mich heute zu Euch führt. Ihr habt mehrere Kisten mit Gold und Juwelen – und Ihr habt Pulver, um all das in die Luft zu jagen.«

»Fürwahr!«, knurrte Kidd. »Bevor wir uns ergeben, jagen wir all das in die Luft.«

Culliford nickte. »Ich mache Euch ein besseres Angebot. Wir schließen einen Kompromiss.«

»Und wie sähe der aus?«

»Ihr habt Eurer Mannschaft einen Beuteanteil von sechzig Prozent versprochen«, erklärte Culliford. »Die gesamte Beute würde also nach diesem Schlüssel neu verteilt. Ihr selbst bekommt vierzig Prozent, die Euch zustehen. Außerdem gewähren wir Euch freien Abzug. Ihr könnt sogar die *Quedah Merchant* behalten. Die *Adventure Galley* ist ja nur noch ein Wrack. Es werden sich hier in Ste. Marie bestimmt Männer finden, die unter Eurem Kommando segeln wollen. Dass Ihr den Tod nicht fürchtet und ein tapferer Mann seid, steht ja außer Zweifel. Nun, wie klingt mein Angebot?«

»Zu verlockend«, antwortete Kidd. »Wer garantiert mir, dass Ihr Euch an die Abmachung haltet?«

»Ich – mit meinem eigenen Leben!«, versicherte Culliford. »Ich werde alle meine Männer von Bord schicken. Dann könnt Ihr einen von Euren Leuten hinausschicken, damit er sich mit eigenen Augen davon überzeugt, dass sich niemand außer mir und Euch an Bord aufhält. Anschließend werden wir dann die Beute aufteilen.«

Kidd überlegte. Das klang wirklich verlockend – in Anbetracht der hoffnungslosen Lage, in der sie sich befanden. Natürlich konnte es eine Teufelei sein, aber das Wagnis musste er eingehen.

»Wartet…! Ich muss mich erst mit meinen Männern besprechen!«, rief Kidd durch die Schießscharte.

»Überlegt es Euch gut!«, riet Culliford. »Ich stehe zu meinem Wort. Aber wenn Ihr mein Angebot nicht annehmt, gibt es später kein Pardon!« Das war eine deutliche Warnung.

Captain Kidd kehrte in die Kajüte zurück. Die Besprechung dauerte nicht sehr lange. Sie hatten einfach keine andere Wahl. Und was Darby Mullins sagte, überzeugte schließlich auch die letzten Zweifler.

»Wir wissen, dass sich an Bord der *Adventure Galley* zurzeit ungefähr zehn bis zwölf Wachen aufhalten. Dazu kommen jetzt noch Culliford und die drei anderen, die mit ihm im Beiboot waren. Wenn wir also sehen, dass vierzehn bis sechzehn Mann zur *Mocha* zurückrudern, müsste die *Adventure Galley* wirklich frei von Piraten sein… bis auf Culliford natürlich. Außerdem kann einer von uns das Schiff genau inspizieren, bevor wir die Schatzkisten herausrücken.«

»Genauso machen wir es«, sagte Kidd und fand ungeteilte Zustimmung.

Als Kidd diese Forderung an Culliford weitergab, stimmte dieser auf der Stelle zu und gab laut den Befehl, dass alle Mann auf die *Mocha* zurückkehren sollten… und zwar so, dass Kidd es sehen konnte.

Und so geschah es auch. Darby Mullins zählte fünfzehn Piraten, die nacheinander zur *Mocha* übersetzten. Dann wurde die Tür geöffnet. Darby Mullins ließ es sich nicht nehmen, das Schiff vorsichtshalber nach versteckten Piraten zu untersuchen. Er tat dies sehr gründlich, fand die *Adventure Galley* jedoch, wie versprochen, verlassen vor.

»Ich sagte doch, dass ich mein Wort halte«, bemerkte Culliford, als Darby Mullins zum Achterdeck zurückkehrte und Kidd Bescheid gab, dass sich sonst niemand mehr an Bord befände.

Erleichtert, aber dennoch höchst wachsam und mit Musketen und Waffen in den Händen, traten Kidd und seine Getreuen, die über vier Wochen in der Kajüte eingeschlossen waren, an Deck. Dann holte man die Schatzkisten, und die Beute wurde so aufgeteilt, wie Culliford es vorgeschlagen hatte. »Was macht Euch so sicher, dass wir Euch nicht als Geisel nehmen?«, fragte Kidd, als dies geschehen war.

Culliford lächelte versonnen. »Ihr seid ein aufrechter Mann, Kidd. Wenn es Eure Absicht gewesen wäre, hättet Ihr schon längst gemeinsame Sache mit den Meuterern machen können. Außerdem würden meine Leute nicht einen von euch lebend davonkommen lassen.

Männer wie Totenkopf und Charly warten doch nur auf solch eine Gelegenheit, um sich an Euch zu rächen. Nein, für so dumm halte ich Euch nicht!«

Captain Kidd empfand wider seinen Willen Respekt für den Piratenanführer. »Da mögt Ihr Recht haben.«

»Wir werden heute noch die Anker lichten und zu einer neuen Beutefahrt auslaufen. Ihr habt von uns also nichts mehr zu befürchten«, sagte Robert Culliford. »Die *Quedah Merchant* steht zu Eurer Verfügung, Kidd! Allseits gute Fahrt!« Damit verabschiedete er sich, kletterte in das Beiboot, in das sein Anteil der Beute geschafft worden war, und pullte zu seinem Schiff hinüber.

Kurze Zeit später lichtete die *Mocha Frigate* wirklich die Anker, setzte Segel und lief zu einer neuen Piratenfahrt aus. Erstaunt darüber, dass sie doch noch mit dem Leben und einem guten Teil der Beute davongekommen waren, blickten Captain Kidd und seine Gefährten dem Piratenschiff nach, das mit den Geschützen und den Meuterern der *Adventure Galley* an Bord Kurs aufs offene Meer nahm.

Gestrandet auf Madagaskar

Darby Mullins steckte seine Tonpfeife in Brand und schleuderte den glimmenden Holzspan in den Staub der Straße, die an den Tavernen direkt an den Hafenkais von Ste. Marie vorbeiführte. Er saß mit William Kidd im Schatten des Vordaches einer Rumkneipe. Beide hatten sie große Becher mit kaltem Tee auf dem wackligen Tisch zwischen sich stehen.

»Es fällt mir schwer zu glauben, dass wir nun schon seit vier Monaten in diesem Piratennest festsitzen«, brach Darby Mullins das nachdenkliche Schweigen.

William Kidd wischte sich mit einem blauen Tuch den Schweiß von der Stirn. »Und es werden wohl noch einige Monate vergehen, bis wir von hier endlich wegkommen.«

Es war so eingetreten, wie Captain Culliford gesagt hatte. Die Piraten und Bewohner von Ste. Marie waren Kidd und seinen Gefährten nach ihrer Kapitulation nicht feindlich gesinnt. Sie alle wussten Mut und wahres Führertum zu schätzen. Und von ein paar spöttischen Bemerkungen abgesehen, waren sie mit Respekt behandelt worden. Manch einer hatte sie in den Kneipen sogar zu einem Branntwein eingeladen, um die Geschichte der *Adventure Galley* noch einmal aus Captain Kidds Sicht zu hören.

Man hatte sich mittlerweile sogar an ihre Anwesenheit gewöhnt. Sie gehörten mehr oder weniger zu dem seemännischen Strandgut, das den Hafen bevölkerte. Kidd hatte natürlich sofort versucht, eine halbwegs taugliche Mannschaft für die massige *Quedah Merchant* zusammenzubekommen. Aber das Interesse der Seeleute von Ste. Marie, bei Kidd anzuheuern, war verständlicherweise gering. Die kräftigen, erfahrenen Männer warteten lieber auf die Chance, an Bord eines Piratenschiffes gehen zu können.

»Vielleicht solltest du dir das alles noch einmal reiflich überlegen«, sagte Darby Mullins vorsichtig. Er duzte Kidd mittlerweile und war wohl der Einzige, der Kidd wirklich nahe stand und sich ihm gegenüber Kritik herausnehmen konnte.

»Was soll ich mir noch einmal überlegen?«

»Das mit der Heimreise«, sagte Darby Mullins. »Ich bin natürlich auch dafür, dass wir hier so schnell wie möglich die Anker lichten. Aber ich bezweifle, dass die Wahl deines Kurses die richtige ist.«

Kidd hörte das gar nicht gern und er machte eine unwillige Handbewegung. »Du machst dir zu viele Gedanken.«

»Nein, ich stelle mir nur vor, was uns in England erwartet. Wir können wahrlich nicht von uns behaupten, mit den Piraten im Indischen Ozean aufgeräumt zu haben«, bemerkte Mullins trocken. »Man wird uns eher für Komplizen der Piraten halten. Und das könnte verdammt gefährlich für uns werden.«

»Du meinst, weil wir englische Schiffe aufgebracht haben?«

»Unter anderem.«

»Ich kann beweisen, dass ich mich im Recht befand!«, antwortete Captain Kidd. Er glaubte auch an das, was er sagte: »Ich bin im Besitz des französischen Passes, den mir der angebliche Captain der *Quedah Merchant* ausgehändigt hat. Niemand kann mich dafür verantwortlich machen, dass das nicht ganz der Wahrheit entsprach.«

»Und wie verhält es sich mit dem Angriff auf die Mokka-Flotte und die maurische Bark? Captain Parker und sein Erster Offizier werden dich der Piraterie bezichtigen!«

»Alles Unsinn!«, knurrte Kidd. »Es waren keine englischen, sondern maurische Schiffe. Und Captain Parker habe ich für seine Dienste als Lotse königlich entlohnt, bevor ich ihn an Land setzte.«

Darby Mullins blieb skeptisch. »Hoffentlich erinnert er sich noch daran.«

»Die Fahrt stand unter einem unglückseligen Stern«, sagte Kidd. »Die Meuterer haben mir höllisch zugesetzt. Aber ich habe das Beste aus der Sache gemacht. Und wichtig ist doch, dass wir mit reicher Beute nach England zurückkehren. Meine einflussreichen Partner werden einen guten Profit machen, und das war es doch, was sie gewollt hatten.«

»Du vergisst nur, dass der Anteil der Mannschaft an der Beute laut Vertrag nur fünfundzwanzig und nicht sechzig Prozent betragen sollte«, gab Mullins zu bedenken. »Deine einflussreichen … ›Herren‹ können dir daraus einen Strick drehen.«

»Du siehst Gespenster, Darby! Ich bin nicht irgendein hergelaufener Seemann. Ich habe Vermögen und Einfluss in New York und mächtige Freunde in London. Außerdem kann ich jeden meiner Schritte mit guten Gründen belegen. Es ist also nichts zu befürchten. Wir kommen ja nicht mit leeren Händen zurück!«

Darby Mullins wollte etwas einwenden, ließ es jedoch bleiben. Er hegte starke Zweifel, was Kidds »mächtige Freunde in London« betraf. Derartige Freundschaften währten meist nur so lange, wie es den Mächtigen in ihre Pläne passte. Darauf bauen konnte man jedoch sicherlich nicht.

Kidd deutete Mullins Schweigen richtig. »Für dich besteht natürlich kein Grund, mit nach New York und London zu kommen, Mullins. Ich hätte vollstes Verständnis dafür, wenn du …«

Darby Mullins fuhr ihm ärgerlich ins Wort. »Du brauchst mir nicht zu sagen, was ich zu tun habe, Captain. Wir hatten verdammt gute Zeiten zusammen und so werde ich auch die weniger guten mit dir durchstehen. Zum Henker, vielleicht sehe ich wirklich zu schwarz. Du bist der Captain und du bestimmst den Kurs.«

Kidd schenkte ihm einen dankbaren Blick und verbarg seine plötzliche Verlegenheit hinter einem Grinsen. »So gefällst du mir schon wieder besser, Darby. Den Stürmen immer fest ins Auge geblickt. Anders kenne ich dich auch gar nicht.« Es hätte ihn schon sehr geschmerzt, wenn Darby Mullins sich anders entschieden hätte. Aber auf seinen Steuermann war Verlass.

Monat um Monat verstrich. Es wurde September, bis Kidd aus dem menschlichen Strandgut von Ste. Marie eine einigermaßen vernünftige Besatzung für die *Quedah Merchant* zusammengestellt hatte. Doch er musste noch sechs weitere Wochen warten, ehe die nordöstlichen Monsunwinde einsetzten, die sie um das Kap der Guten Hoffnung herum bringen würden.

Am 15. November war es schließlich soweit. Die *Quedah Merchant* holte die Anker ein und ging endlich unter Segel, verließ den Piratenhafen Ste. Marie und trat die Heimreise an.

Captain Kidd nahm Kurs auf die Karibik.

»*Auf uns wartet der Galgen, Captain!*«

William Kidd ahnte nicht, dass er geradewegs ins Verderben segelte. Drei Tage, nachdem die *Quedah Merchant* den Hafen von Ste. Marie verlassen hatte, sandte das Hauptkontor der *East India Company* in Surat ein Schreiben an die Lordrichter in London, in dem Captain Kidd angeklagt wurde, in zahlreichen Fällen schwerste Piraterie begangen zu haben.

Kidds einflussreiche Gönner, die die Fahrt der *Adventure Galley* finanziert und in der Zwischenzeit politische Karriere gemacht hatten, gerieten stark unter Druck, als sich ganz England über den angeblich blutrünstigen Piraten Kidd empörte und harte Maßnahmen verlangte.

Die Finanziers, die nun allesamt höchste Regierungsämter bekleideten, wurden von der Oppositionspartei wegen ihrer Beteiligung an Kidds Fahrt scharf angegriffen. Es kam zu einem politischen Skandal. Kidds ehemalige Gönner waren unterdessen selbst schon zu der Einsicht gelangt, dass es ein Fehler gewesen war, sich auf dieses Unternehmen einzulassen. Um ihre eigene Haut zu retten, ließen sie Captain Kidd nun wie eine heiße Kartoffel fallen und taten alles, um sich von ihm und seinen Aktionen zu distanzieren.

Die Lordrichter in London handelten, ohne lange zu zögern. Auf ihren Befehl hin lief ein Marinegeschwader aus, um Kidd zu stellen und gefangen zu nehmen. Außerdem wurde ein Rundschreiben an die Gouverneure der amerikanischen Kolonien gesandt mit dem Befehl, Kidd unverzüglich zu ergreifen, falls er sich an Land zeigte, und ihn nach London zu schicken.

Aber das war noch nicht alles. Der Fall Kidd wurde in England so aufgebauscht, dass auf einmal alle anderen, wirklich blutrünstigen Piraten neben ihm wie die reinsten Unschuldslämmer aussahen. Um Kidd nun von seinen angeblichen Piratenkomplizen zu isolieren, wurde, bis auf zwei Ausnahmen, allen Piraten östlich vom Kap der Guten Hoffnung uneingeschränkter Pardon gewährt. William Kidd, der vermeintliche Schwerverbrecher, war in der Heimat schon für schuldig befunden worden, ohne dass man ein Gerichtsverfahren und seine Stellungnahme abgewartet hätte.

Doch von all dem wusste Kidd nichts, während er das Kap umrundete, den Atlantik überquerte und endlich in karibische Gewässer gelangte.

Anfang April 1699 wurden die Leeward-Inseln gesichtet.

Vor Anguilla ging die *Quedah Merchant* vor Anker. Captain Kidd war vorsichtig und schickte ein Boot an Land, anstatt direkt den Hafen anzulaufen. Es kehrte schnell zum Schiff zurück. Und kaum waren Scotty und drei weitere Matrosen wieder an Deck, als schon einer der Männer mit schreckensbleichem Gesicht rief: »Wir sind verloren, Captain! Auf uns wartet der Galgen!«

»Was ist geschehen, Scotty?«, fragte Kidd betroffen, während sich die Besatzung um sie scharte.

Scotty war von dem, was er an Land erfahren hatte, noch sichtlich mitgenommen. Und das hieß etwas, denn normalerweise war der bärenstarke Bootsmann nicht so leicht aus der Ruhe zu bringen.

»Es sieht wirklich übel aus. Für uns alle«, begann Scotty mit belegter Stimme. »Man hat uns für Piraten erklärt, die unverzüglich zu ergreifen sind.«

»Nein!«, entfuhr es Kidd.

Scotty nickte ernst. »Es ist die Wahrheit, Captain. Wir sind Geächtete. Und alle Kolonien und Handelsposten in der Welt haben von London den Befehl erhalten, uns auf der Stelle verhaften zu lassen. Der Henker soll mich holen, wenn es mir leicht fällt, das zu sagen, aber auf Euren Kopf sind die Lordrichter besonders scharf, Captain!«

Kidd erbleichte.

»Ist kein Zweifel möglich?«, fragte Darby Mullins.

Scotty schüttelte den Kopf.

Tom Bone spuckte wütend aus. »Wir und Piraten? Das kann nicht mit rechten Dingen zugehen ... mit Verlaub gesagt!«

»Ich will verdammt sein, wenn ich jetzt noch einen Fuß in einen englischen Hafen setze!«, rief einer der Seeleute erregt. »Ich lasse mich nicht aufknüpfen für etwas, was ich nicht getan habe!«

Die Verbitterung der Männer, die stets loyal zu Captain Kidd gehalten und gegen die Meuterer gekämpft hatten, war groß. Von Scotty erfuhren sie, dass all den anderen Piraten Pardon gewährt worden war, also auch Culliford, Totenkopf und seinen Schurken.

»Ich habe nie der Piraterie das Wort geredet, Gott ist mein Zeuge!«, rief Ted Wilson aufgebracht und mit hochrotem Gesicht. »Aber jetzt bleibt uns ja wohl kaum noch etwas anderes übrig. Zurück nach England können wir nicht. Werden wir also Piraten! Wenn wir schon hängen sollen, dann auch mit Grund!«

Seine Worte fanden bei den meisten Zustimmung.

William Kidd nahm den Männern ihre Einstellung nicht einmal übel. Es blieb ihnen kaum eine andere Wahl, wenn sie nicht in die gnadenlosen Mühlen der Justiz geraten wollten. Für ihn jedoch kam so etwas nicht in Frage. Er war für ein derartiges Leben schon zu alt. Zudem wartete seine Familie auf ihn. Aber ausschlaggebend war letztlich seine feste Überzeugung, sich notfalls auch vor Gericht für alles rechtfertigen zu können und auf die Unterstützung seiner einflussreichen Gönner rechnen zu dürfen.

Vier Stunden lang wurde darüber geredet, was nun zu unternehmen sei. Als Kidd bekannt gab, dass er den verheerenden Nachrichten zum Trotz weiterhin entschlossen wäre, nach New York zu segeln, kündigte ihm die Besatzung bis auf zwölf Mann die Gefolgschaft auf.

»Jeder muss für sich selbst entscheiden«, sagte Kidd verständnisvoll und wunderte sich nicht darüber, dass Darby Mullins, Scotty, Tom Bone und auch Dreifinger-Dick sich für seinen gefährlichen Kurs entschieden hatten. Sie alle waren Männer, die aus besonders hartem Holz geschnitzt waren und sich so schnell nicht in die Knie zwingen ließen – auch nicht von den englischen Lordrichtern.

Nach vier Stunden setzten sie die Fahrt fort. Sie waren übereingekommen, die *Quedah Merchant* bei der nächstbesten Gelegenheit zurückzulassen und sich dann auch zu trennen. Das Schiff war viel zu auffällig und zu langsam, um notfalls einem Verfolger davonsegeln zu können.

Schon kurz darauf bot sich Kidd eine günstige Gelegenheit. Als die *Quedah Merchant* die Mona-Passage südöstlich von Hispanila erreichte, sichtete der Ausguck eine schnelle, wendige Handelsschaluppe, die sich jedoch zu dicht unter Land gewagt und nun keinen Wind mehr in den Segeln hatte.

Kidd ließ sofort beidrehen, setzte mit dem Beiboot zu der Schaluppe, die den Namen *Antonio* trug, über und eröffnete dem überraschten Captain, dass er die Schaluppe gerne kaufen wollte. Der Captain der *Antonio* lehnte zunächst ab, doch als Kidd ihm schließlich die stolze Summe von 3000 Silberdublonen bot, wurden sie schnell handelseinig.

Kidd zahlte den Captain aus und setzte ihn mit seiner Besatzung an Land. In einer versteckten Bucht ließ Kidd dann die Schätze von der *Quedah Merchant* auf die *Antonio* umladen. Diejenigen seiner Männer, die nicht nach England zurückkehrten, sondern in der Karibik zurückbleiben wollten, zahlte Kidd großzügig aus, sodass jedermann mit seinem Anteil zufrieden war.

»Möge der Henker Euch verschonen!«, rief Ted Wilson vom Deck der *Quedah Merchant*, als Kidd mit der *Antonio* und nur zwölf Mann Besatzung Kurs auf New

157

York nahm. Und für alles Gold der Welt hätte Ted Wilson nicht mit Captain Kidd tauschen wollen. Es war ihm ein Rätsel, wie man so unerschrocken dem Henker ins Gesicht sehen konnte, denn das war es, was Captain Kidd tat...

Kidds Schatzinsel

Nach fast dreijähriger Abwesenheit kehrte Captain Kidd in seine Heimat zurück. Am 10. Juni 1699 umsegelte die *Antonio* Long Island und ging in der Oyster Bay vor Anker.

»Bevor du irgendwelche Schritte unternimmst, solltest du mit Lord Bellomont Kontakt aufnehmen und genaue Erkundigungen einziehen«, hatte Darby Mullins dem Captain geraten.

»Ich habe die französischen Pässe und die Schätze. Damit kann ich mich jederzeit rechtfertigen«, hatte Kidd erwidert, folgte aber dann doch dem Rat seines Freundes. Er setzte ein Schreiben an Lord Bellomont auf. Ein befreundeter Anwalt aus New York überbrachte den Brief dem Gouverneur, der in Boston seinen Amtssitz hatte. Kidd gab dem Anwalt namens James Emmott auch die beiden französischen Pässe mit.

Lord Bellomont jedoch dachte nicht daran, dem Wunsch des Anwalts zu entsprechen und Kidd Pardon zu gewähren. Seine Befehle, die er von London erhalten hatte, waren unmissverständlich: Captain Kidd war zu verhaften und der britischen Gerichtsbarkeit zu übergeben. Doch zuerst musste er Kidd in seine Gewalt bekommen. Deshalb versicherte er Kidd in einem doppelzüngigen Antwortbrief, dass er alles in seiner Macht Stehende tun werde, um die Gnade des Königs für ihn zu erwirken. Und er, William Kidd, könne bedenkenlos nach Boston reisen, damit man alle weiteren Schritte gemeinsam besprechen könne.

Captain Kidd fühlte sich durch Bellomonts Antwort in seiner Überzeugung bestätigt, dass sich alles zum Guten wenden werde. Und er wurde unvorsichtig, machte seinen Freunden kostbare Geschenke und sandte an Lord Bellomonts Frau sowie einige Politiker Schmuckstücke, die ihn noch mehr in Misskredit brachten.

Anstatt die gesamte Diebesbeute einer amtlichen Stelle zur Registrierung und Aufbewahrung zu übergeben, beschloss er, die Schätze an verschiedenen Orten zu verstecken. Falls man ihn allen Versprechungen zum Trotz verhaften sollte, hätte er dann einen gewichtigen Trumpf im Ärmel. Mit dem Gold und den Juwelen würde er sich notfalls freikaufen können. So glaubte er zumindest.

William Kidd wusste auch schon einen geeigneten Ort, wo er den Löwenanteil der Beute sicher verstecken konnte. Am Sund von Long Island lebte ein kauziger Bursche namens John Gardiner, der bekannt dafür war, dass er einen guten Apfelwein herstellte. John Gardiner hatte sich selbst zum Herrn über »Gardiner's Island« ernannt, eine rund dreizehn Quadratkilometer große, unbewohnte Insel. Und so ging die *Antonio* eines Abends in Gardiner's Bay vor Anker.

William Kidd gab vor, von John Gardiner ein Fass Apfelwein gegen Musseline und Seidenstoffe eintauschen zu wollen, die vom Salzwasser etwas mitgenommen waren.

Gardiner hatte nichts dagegen einzuwenden. Doch ihm entging nicht, wie der Captain ihn musterte, ihn auszuhorchen versuchte und sich verstohlen umblickte. Ungewöhnlich war auch, dass dieser Captain um jeden Penny feilschte und alle Zeit der Welt zu haben schien. Und ihm wurde klar, dass er nicht wegen des Apfelweines gekommen war.

Doch John Gardiner stellte keine Fragen. Er glaubte zu wissen, mit wem er es zu tun hatte. Zwar erkannte er Kidd nicht, doch als dieser ihn am Schluss mit arabischen Goldmünzen bezahlte, wusste er, dass er noch einmal wiederkommen würde. Es war nicht das erste Mal, dass Piraten und Freibeuter seine Insel aufsuchten, um hier ihre Beute zu verstecken. Er machte dabei jedes Mal ein gutes Geschäft, weil er verschwiegen war und keine überflüssigen Fragen an sie richtete.

Und er hatte richtig vermutet. Drei Tage später tauchte die *Antonio* wieder in seiner Bucht auf. Kidd war zu der Überzeugung gelangt, dass er dem Mann vertrauen konnte. Er bat ihn, auf der Insel einige Handelswaren verstecken zu dürfen.

»Ich bin bereit, Euch gut dafür zu entlohnen«, fügte Captain Kidd hinzu. »Natürlich zähle ich auf Eure Verschwiegenheit. Und es soll Euer Schade nicht sein.«

John Gardiner lachte innerlich. Handelswaren! Doch er verzog keine Miene und antwortete: »Mir soll es recht sein, Captain. Die Insel ist groß genug, um eine halbe Flotte verscharren zu können, also wird auch Platz für Eure Handelswaren sein. Und was meine Verschwiegenheit betrifft, so schließt mir Gold am besten den Mund.«

»Ihr gefallt mir«, sagte Kidd zufrieden und drückte ihm einen Lederbeutel mit Goldmünzen in die Hand. John Gardiner wog den Beutel kurz in der Hand, nickte zufrieden und ließ ihn in seiner Rocktasche verschwinden. Dann schlurfte er zurück zu seiner Hütte und verschwand darin.

Mit Hilfe von Darby Mullins, Scotty und Tom Bone brachte Kidd nun die Schatzkisten an Land. Nach kurzer Suche fanden sie ein gutes Versteck und begannen eine Grube auszuheben.

»Falls mir etwas zustößt, habt ihr Anspruch auf all diese Schätze«, sagte Captain Kidd, als die Kisten vergraben waren und sie zur Schaluppe zurückkehrten.

»Uns ist es lieber, Ihr rettet Euren Hals … mit Verlaub gesagt«, bemerkte Tom Bone.

»Morgen segeln wir nach Boston«, sagte Kidd. »Dort wird sich alles aufklären.«

»Dein Wort in Lord Bellomonts Ohr«, murmelte Darby Mullins, der Kidds Optimismus einfach nicht teilen mochte. Es wäre nicht das erste Mal in der Geschichte der Menschheit gewesen, dass sich Politiker als die schlimmsten und skrupellosesten Gauner erwiesen hätten …

Der Verrat des ehrenwerten Lords

Trockener Sand knirschte unter Kidds Schuhen, als er durch die Gassen von Boston eilte und dabei jeden Lichtschein wie ein Verbrecher mied. Er schwitzte.

Schwüle Luft staute sich in den Straßen der Stadt. Der Abend hatte keine Abkühlung gebracht und von der See her kam nicht der geringste Luftzug. Aber es war nicht in erster Linie die drückende Hitze dieses Julitages, die ihm den Schweiß aus allen Poren trieb. Es war die Angst. Angst um sein Leben und um seine Familie, die er hierher nach Boston mitgebracht hatte.

Die Polizei suchte ihn fieberhaft. Sie hatte das Gasthaus, in dem er mit seiner Frau und seinen beiden kleinen Töchtern abgestiegen war, am Morgen umstellt und gestürmt. Und wie es ein glücklicher Zufall wollte, war er keine fünf Minuten zuvor aus dem Haus gegangen.

Als er von der Polizeiaktion erfahren hatte, war er sofort hinunter zum Hafen geeilt, um seine Männer zu warnen. Doch er war auch hier zu spät gekommen. Er hatte nur noch beobachten können, wie die Polizei Darby Mullins verhaftete und abführte. Von dem Rest der Männer war jedoch nichts zu sehen gewesen.

»Die anderen Halunken haben sich noch frühzeitig verdrücken können«, hatte Kidd jemand sagen hören. »Der Teufel soll dieses Piratenpack holen!«

»Dann müsste er aber auch noch die halbe Regierung holen«, hatte ein Spötter erwidert.

Kidd hatte sich hastig davongestohlen, von Fassungslosigkeit, Wut und Angst beherrscht. Wer hatte die Verhaftung angeordnet? Und was war mit Lord Bellomonts Versprechen, sich für ihn einzusetzen?

Vor vier Tagen war er in Boston angekommen. Es war der 2. Juli gewesen. Schon am nächsten Tag hatte Kidd Lord Bellomont in dessen Haus aufgesucht und in Anwesenheit der Ratsherren Bericht erstattet. Nun, man war nicht gerade ausgesprochen freundlich zu ihm gewesen und hatte einen sehr ausführlichen schriftlichen Bericht von ihm verlangt. Er hatte ihnen geantwortet, dass das kaum möglich sein werde, da das Logbuch von den Meuterern vernichtet worden war.

Kidd fragte sich nun, ob seine möglicherweise etwas zu barsche Antwort der Grund für diese Verhaftungsaktion darstellte. Er ahnte nicht, wie richtig er mit seiner Vermutung lag.

»In dieser Situation kann mir nur noch der Lord helfen«, murmelte Kidd, während er durch die Gassen eilte. Er hatte sich den Tag über versteckt gehalten und überlegt, was er nun tun sollte. Und er war zu dem Entschluss gekommen, Lord Bellomont bei Einbruch der Dunkelheit aufzusuchen und ihn zur Rede zu stellen.

Captain Kidd zog seinen schwarzen, staubigen Dreispitz tief in die Stirn, als er nun in das bessere Viertel von Boston kam, wo die reichen Kaufleute und Politiker ihre Häuser hatten. Passanten wich er aus. Und wenn er hörte, dass sich Kutschen näherten, trat er schnell in einen dunklen Hauseingang.

Dann endlich hatte er Lord Bellomonts Residenz erreicht. Hinter den Fenstern brannte Licht. Auch das Arbeitszimmer des Gouverneurs war hell erleuchtet und die Umrisse einer Gestalt waren hinter den Vorhängen zu erkennen.

Wachsam blickte Kidd sich um. Es war still und friedlich in der Straße. Aus einem Nachbarhaus drang der melodische Klang eines Spinetts in den Abend. Nichts deutete darauf hin, dass er hier etwas zu befürchten hatte, und er fasste wieder Mut. Lord Bellomont würde ihm seine Hilfe einfach nicht verweigern können. Immerhin war er es ja gewesen, der ihn, William Kidd, zu diesem höchst zweifelhaften Unternehmen gedrängt hatte.

Captain Kidd trat aus dem schützenden Schatten der Hauswand und überquerte eiligen Schrittes die Straße. Als er den kleinen Vorgarten von Lord Bellomonts Villa erreicht hatte, blickte er sich noch einmal misstrauisch um. Nichts. Es blieb ruhig.

Kidd eilte nun auf das Portal zu.

Und da kamen sie plötzlich, Polizisten, sechs an der Zahl. Sie hatten sich rechts und links vom Haus versteckt gehalten und auf Kidd gewartet.

»Stehen bleiben, Captain Kidd! Im Namen des Königs, ergebt Euch!«, rief einer der Männer.

Der Schreck fuhr Kidd tief in die Glieder. Sie hatten ihm also eine Falle gestellt! Doch er dachte nicht daran, sich diesen Schergen kampflos zu ergeben, sondern wirbelte herum und zog blank.

»Kommt nur!«, empfing er sie und schlug einem jungen voreiligen Polizisten die Klinge aus der Hand.

»Ihr könnt nicht entkommen, Captain! Lasst die Waffe fallen! Sonst macht Ihr es noch schlimmer, als es schon ist!«, rief der Ranghöchste der Polizisten.

»Zum Teufel mit Euch!«, fluchte Kidd und tastete hinter seinem Rücken nach dem Türknauf. Er musste ins Haus und mit Lord Bellomont sprechen!

Schließlich fühlte er den Knauf, drehte ihn hastig herum und fand die Tür glücklicherweise unverschlossen vor. Rückwärts stürzte Kidd in die eindrucksvolle Halle, die der Gouverneur mit kostbaren Möbeln, Gemälden und Teppichen hatte einrichten lassen. Die Polizisten folgten ihm ins Haus, hielten jedoch respektvollen Abstand. Sie hatten viel von Captain Kidd gehört. Und wenn er wirklich solch ein gottloser Pirat war, wusste er sicherlich auch ausgezeichnet mit der Klinge umzugehen.

»Was geht hier vor?«, schallte Lord Bellomonts Stimme durch die Halle. Er war aus seinem Arbeitszimmer im ersten Stock getreten und eilte nun die Treppe hinunter, verharrte jedoch auf halber Höhe, als er Kidd mit blank gezogener Waffe erblickte.

»Wir tun nur unsere Pflicht, Sir!«, sagte der Anführer der Polizeiabteilung. »Wir haben Befehl, Captain Kidd zu verhaften. Ich habe es schriftlich, Sir.«

»Das kann nicht mit rechten Dingen zugehen!«, rief Kidd aufgebracht. »Niemand weiß besser als Ihr, Lord, dass ich ein treuer Diener des Königs bin.«

»Schon gut, schon gut«, sagte Lord Bellomont unwillig, zwang sich dann aber zu einem freundlichen Lächeln. »Das alles ist kein Grund, um mit blanker Waffe in mein Haus zu stürmen. Das solltet Ihr wissen.«

»Sagt ihnen, dass sie sich trollen sollen und es sich nur um einen Irrtum handelt!«, bat Kidd mit drängender Stimme. »Ihr seid Gouverneur!«

Lord Bellomont nickte und blickte die Polizisten an. »Selbstverständlich werde ich das, mein guter Captain. Aber mich stört, dass Ihr noch immer die Waffe in der Hand haltet. Das dulde ich in meinem Haus nicht!« Seine Stimme ließ keinen Widerspruch zu. Doch dann fügte er fast freundlich hinzu: »Ihr könnt versichert sein, Captain, dass ich diesen Männern hier sehr genau sagen werde, was sie zu tun und zu lassen haben.«

»Aber, Sir …«, wollte der ranghöchste Polizist zu einem Protest ansetzen.

»Schweig!«, fuhr der Lord ihm scharf ins Wort.

Captain Kidd atmete erleichtert auf. »Ich danke Euch, Lord Bellomont«, sagte er und ließ die Degenklinge zurück in die Scheide gleiten.

Kaum hatte Kidd die Waffe aus der Hand genommen, als Lord Bellomont den Polizisten befahl: »Packt ihn!«

Sofort stürzten sich die Polizisten auf den völlig überraschten Kidd, ergriffen seine Arme und drehten sie brutal auf seinen Rücken.

»Wenn Ihr Euch nicht wehrt, geschieht Euch auch nichts!«, warnte ihn einer der Schergen.

»Mylord!«, stieß Kidd keuchend hervor und blickte mit schmerzverzerrtem Gesicht zum Gouverneur auf, der seinen Blick mit kalten Augen und unbewegtem Gesichtsausdruck erwiderte. »Das könnt Ihr doch nicht mit mir machen!«

Lord Bellomont gab ihm noch nicht einmal eine Antwort. Er wandte sich an die Polizisten. »Legt ihn in Eisen!«, befahl er. »Und bringt ihn in Einzelhaft. Niemand darf mit ihm reden. Auch die Wachen nicht! Ihr haftet mir dafür, dass meine Anweisungen auf das Wort genau ausgeführt werden!«

»Es wird uns eine Ehre sein!«, beeilte sich der ranghöchste Polizist zu versichern.

»Und jetzt schafft ihn aus meinem Haus!« Ohne Kidd noch eines Blickes zu würdigen, wandte er sich um, schritt die Treppe hinauf und verschwand in seinem Arbeitszimmer.

Irgendetwas zerbrach in diesem Augenblick in Kidd. Er verlor den Glauben an die Gerechtigkeit dieser Welt und ahnte, dass er weder hier in den amerikanischen Kolonien noch in London auf die Hilfe irgendeines Mannes rechnen konnte, der sich früher einmal wortreich und nachdrücklich als sein Freund bezeichnet hatte. Niemand wollte mehr etwas mit ihm zu tun haben. Er war ein Geächteter. Der Geruch des Galgens umgab ihn.

In Ketten

Während William Kidd in Eisen gelegt und in strenge Einzelhaft genommen wurde, begann die fieberhafte Suche nach den Schätzen, die Kidd an verschiedenen Orten versteckt hatte. Drei Wochen nach seiner Verhaftung befand sich fast die gesamte Beute in Bellomonts Händen. Auch der Schatz auf Gardiner's Island wurde aufgestöbert und beschlagnahmt.

Monat um Monat verstrich, ohne dass die strenge Einzelhaft aufgehoben wurde. Der Regierungsrat machte auch keine Anstalten, Kidd nach London zu schicken. Als es jedoch Winter und der Kerker zu einem fast tödlichen Eiskeller wurde, war der Regierungsrat so gnädig und bewilligte Kidd wärmere Kleidung.

William Kidd litt schrecklich unter dieser totalen Isolierung. Die Wut und Verzweiflung der ersten Wochen verwandelten sich mit den Monaten in dumpfe Resignation. Und manchmal hatte er das Gefühl, den Verstand zu verlieren.

Das neue Jahrhundert brach an. Am 6. Februar 1700 war es dann so weit. Schwer bewaffnete Soldaten eskortierten William Kidd, als wäre er ein höchst gefährlicher Schwerverbrecher und nicht ein von langer Haftzeit geschwächter und gebrochener Mann, auf die *H.M.S. Advice*. Kidd hörte das Rasseln von weiteren Ketten, vermochte jedoch nicht zu erfahren, wer die anderen

Gefangenen waren, die mit ihm die Überfahrt nach London antraten. Sicherlich befand sich Darby Mullins unter ihnen. Und Schuldgefühle quälten ihn, dass er Männer wie Mullins ins Unglück gestürzt hatte.

Am 11. April hatte die *Advice* Themsewasser unter dem Kiel. Drei Tage später sollte Kidd ins Hauptquartier der Admiralität nach Greenwich gebracht werden. Als man jedoch seine Kabinentür öffnete, stellte sich heraus, dass Kidd sich ohne fremde Hilfe überhaupt nicht aus der Kabine bewegen konnte. Er war nur noch ein Schatten seiner selbst.

»Ein Messer!«, bat er mit zitternder Stimme und ein irres Flackern stand in seinen Augen. »Gebt mir ein Messer. Habt Gnade! Der Tod wird mein Freund sein.« Er kramte ein Goldstück aus seiner Kleidung und hielt es der erschrockenen Wache hin. »Schickt das meiner Frau … Und nun gebt mir das Messer.«

Weder erhielt er das erwünschte Messer, um sich umbringen zu können, noch erschoss man ihn, obwohl er flehentlich darum bettelte.

William Kidd, der vorübergehend den Verstand verloren hatte, wurde in das gefürchtete Gefängnis von Newgate in der City von London überführt. Fünfhundert Jahre alt war das düstere Gebäude und hoffnungslos überfüllt. Es stank dermaßen, dass Besucher Blumensträuße vor ihre Nase hielten oder an starken Duftmitteln rochen, während sie sich in Newgate aufhielten. Bevor Gefangene vor Gericht erschienen, mussten sie mit Essig abgerieben werden, um den unerträglichen Gestank wenigstens einigermaßen loszuwerden.

Gewalttätigkeiten unter den Gefangenen und Seuchen gehörten zum Alltag dieses Gefängnisses. Und für diese Hölle auf Erden und das kaum genießbare Essen mussten die Gefangenen oder ihre Familien auch noch bezahlen, denn Newgate wurde nicht etwa vom Staat geführt, sondern war ein privates Unternehmen. So war es kein Wunder, dass die Wärter nicht nur bestechlich waren, sondern ihre Gefangenen auch noch erpressten und sich jede noch so kleine Gefälligkeit teuer bezahlen ließen.

William Kidd jedoch wurde eine Sonderbehandlung zuteil. Obwohl sein eigenes Vermögen noch nicht eingezogen war und er also über genügend Geldmittel verfügte, durfte er sich keine Vergünstigungen erkaufen. In diesem Fall zeigten sich die Wärter notgedrungen als unbestechlich, da Kidd als Staatsfeind Nr. 1 galt.

Über ein Jahr lang wurde er in Einzelhaft gehalten. Er durfte fast keinen Besuch empfangen und Bewegung außerhalb der Zelle war ihm auch untersagt. Es wurde ihm auch nicht erlaubt, an seine Frau zu schreiben und sich auf die Gerichtsverhandlung vorzubereiten. Kein Anwalt wurde in seine Zelle gelassen.

Kidd hatte im Grunde schon längst aufgegeben.

Eine zweifelhafte Abmachung

Es war irgendwann Mitte März 1701, als die Zellentür aufgestoßen wurde. William Kidd lag auf seiner Pritsche. Er hatte sich unter der dünnen Decke zusammengekauert, denn es war noch kalt, und er fror erbärmlich.

»Ihr habt Besuch«, knurrte der pockennarbige, fette Wärter unfreundlich, stellte eine Lampe auf den Boden und trat zur Seite, um den Besucher einzulassen.

William Kidd richtete sich verwirrt auf der Pritsche auf. Weshalb durfte er plötzlich Besuch empfangen? Sollte das heißen, dass eine Wende eingetreten war?

Ein großer, stattlicher Mann von Mitte vierzig trat in die Zelle. Er war teuer gekleidet. Sein Überrock war aus kostbaren Seidenstoffen gearbeitet und seine schwarzen Quastenschuhe glänzten poliert. Und an seinen Händen glitzerten im schwachen Licht der Lampe goldene Ringe.

Der Besucher, der eine frisch gepuderte Perücke und darüber einen Dreispitz trug, wandte sich an den Wärter und sagte mit leiser, aber dennoch energischer Stimme: »Lass uns allein. Ich klopfe gegen die Tür, wenn ich dich brauche!« Seiner Stimme war anzuhören, dass er gewohnt war, Befehle zu erteilen.

»Sehr wohl«, sagte er Wärter dienernd, schloss die Tür und entfernte sich.

Furcht und zugleich Freude erfüllten Kidd. Niemand

konnte nachempfinden, wie dankbar er für die geringste Ablenkung war. Zu Beginn seiner Haftzeit hatte er versucht, mit allen möglichen Gedankenspielen und Tätigkeiten die entsetzliche Leere zu füllen. Doch mittlerweile hatte er das alles aufgegeben, auch das Zählen des von ihm täglich getöteten Ungeziefers sowie das Einritzen der einzelnen Tage in die Mauer. Nichts hatte noch Sinn.

»Seid willkommen, seid willkommen!«, rief Kidd mit krächzender Stimme. Er war von kindlicher Freude fast überwältigt. »Leider vermag ich Euch nichts anzubieten … weder einen Stuhl noch ein Glas Branntwein. Das Schicksal hat es nicht gut mit mir gemeint. Ich hätte eben das Kommando über die *Adventure Galley* nicht übernehmen sollen. Ich wollte es auch nicht, aber man bestand darauf. Man wollte Captain William Kidd. Ja, so war es. Aber sicher möchtet Ihr jetzt wissen, wer ›man‹ ist, nicht wahr?« Es sprudelte förmlich aus Kidd heraus. Endlich konnte er wieder einmal mit jemandem sprechen. Die Einsamkeit treibt den Menschen in den Wahnsinn. Wenn man jedoch mit jemandem reden kann, wird man nicht so schnell wirr im Geist.

»Mir ist bekannt, wen Ihr mit ›man‹ meint«, erwiderte der Fremde ruhig und musterte Kidd eingehend.

»Sehr gut!« Kidd lachte und sprang nun von der Pritsche auf. Er schwankte leicht und stützte sich an der nasskalten Wand ab. »Ihr seid also ein Eingeweihter. Nun, ich weiß nicht, ob Ihr gute oder schlechte Nachrichten bringt. Aber wo liegt da jetzt noch ein Unterschied? Wie es wohl meiner Frau und den Kindern geht? Wird es schon Frühling? Ach, eigentlich hätte ich diesen Hundesohn Pickwick gleich in Ketten legen sollen. Und Langdon auch. Die ganze Bande!« Er merkte gar nicht, wie verworren er sprach, und dass er von einem Thema zum anderen wechselte. Seine Gedanken überschlugen sich. »Jawohl, ich hätte diese Meuterer aufknüpfen sollen. Aber die Männer wollten Beute machen und das Messer saß ihnen locker. Warum bloß niemand die königliche Yacht bemerkt hat? Meine besten Männer haben sie gepresst…«

Der fremde Besucher ließ Kidd noch eine Weile reden. Dann unterbrach er ihn. »Wollt Ihr nicht wissen, weshalb ich gekommen bin, Captain?«

Kidd stutzte, brach mitten im Satz ab und bemerkte erst jetzt, dass der Fremde die ganze Zeit geschwiegen hatte. Nervös fuhr er sich mit der Hand über das bleiche, eingefallene Gesicht. »Sicher, sicher, Ihr werdet es mir schon sagen. Wie ist Euer Name?«

»Jack Brownigton.«

Captain Kidd nickte, obwohl ihm der Name nichts sagte. Doch es drängte ihn nicht sonderlich, schnell zu erfahren, weshalb Jack Brownigton gekommen war. Im Augenblick war für ihn das Wichtigste, dass er mit jemandem reden konnte. Und wenn es nach ihm ging, konnte die Unterhaltung Stunden dauern.

Jack Brownigton schien Kidds Gedanken erraten zu haben, denn er kam nun sofort zum Hauptpunkt seines Anliegens. Er dachte nämlich nicht daran, auch nur eine Minute länger als unbedingt nötig in der stinkenden Zelle zu bleiben.

»Das Unterhaus hat beschlossen, Euch in wenigen Tagen vorzuladen und anzuhören, was Ihr zu sagen habt«, sagte Jack Brownigton. »Das Unterhaus ist kein Gericht, wie Ihr wisst. Es ist in erster Linie an den politischen Aspekten Eurer Fahrt interessiert und möchte gern in Erfahrung bringen, welche hohen Politiker in dieses … unerfreuliche Unternehmen verwickelt sind.«

»Nichts ist leichter zu beantworten als das«, sagte Kidd. »Die Namen der Herren, deren Idee diese Kaperfahrt war …«

»Sind mehr oder weniger bekannt«, fiel Jack Brownigton ihm ins Wort. »Und im Auftrag dieser Männer bin ich hier. Ich bin Advokat von Beruf.«

Kidd runzelte die Stirn und begriff plötzlich. »Ach so, von daher weht der Wind!«

Der Advokat lächelte verbindlich. »Die Opposition möchte natürlich gern eine Handhabe gegen einige der Minister haben. Und Ihr kommt da wie gerufen.«

»Ihr wollt, dass ich schweige und alle Schuld auf mich nehme, damit diese sauberen Herren mit weißer Weste dastehen und alle Vorwürfe gelassen von sich weisen können?«, fragte Kidd wütend und sein Gesicht bekam wieder etwas Farbe.

»Es geht vor dem Unterhaus nicht um Schuld im juristischen Sinne!«, erwiderte Jack Brownigton ungeduldig. »Hier geht es um politische Intrigen. Die Oppositionspartei will sich Eurer bedienen, um höchst verdienstvolle Männer in hohen Regierungsämtern zu stürzen. Als aufrechter Engländer werdet Ihr so etwas doch nicht zulassen!«

»Es wäre nicht das erste Mal, dass man sich meiner bedienen würde«, antwortete Kidd bitter. Und es berührte ihn seltsam, dass der Advokat ihn als ›aufrechten Engländer‹ bezeichnete. War er nicht zum Erzverbrecher erklärt worden?

Jack Brownigton ging nicht darauf ein. »Es wäre nur zu Eurem Besten, wenn Ihr gewisse Namen aus dem Spiel lasst, wenn Ihr befragt werdet.«

»Ich wüsste nicht, wie sich das vermeiden ließe.«

»Oh, sehr einfach.«

»Man muss wohl Advokat sein, um solch eine Situation als ganz einfach ansehen zu können«, knurrte Kidd.

Der Advokat lächelte freundlich. »Machen wir uns doch nichts vor, Captain. Meine Auftraggeber fürchten politische Skandale und womöglich könnte Eure Aussage ihre Karriere ruinieren. Das ist aber auch alles, was Ihr anrichten könnt. Auf der anderen Seite jedoch steht Euer Kopf auf dem Spiel. Ihr könnt also nur gewinnen, wenn Ihr tut, was man von Euch erbittet.«

Captain Kidd nagte an seiner Unterlippe und blickte den Anwalt scharf an. »Zum Teufel, rückt schon mit der Sprache heraus. Bisher bin ich es nur gewohnt, dass man mir droht und nicht bittet. Welche Drohung habt Ihr mir also zu überbringen?«

Jack Brownigton blieb gelassen. »Aber Captain, Ihr seid verbittert…«

»Mit Recht! Raus mit der Sprache! Was ist, wenn ich mich weigere?«

»Ich bedaure, dass Ihr mich zwingt, die letzte aller Möglichkeiten zu erwähnen«, antwortete der Anwalt.

»Aber gut, ich will offen zu Euch sein. Eurer Familie könnte Übles widerfahren...« Damit war die Drohung heraus.

Kidd starrte ihn wütend an. »Reicht es nicht, dass man mich ruiniert hat?«, stieß er keuchend hervor.

»Dazu kann ich nichts sagen, Captain!«, erwiderte der Anwalt kalt. »Ich überbringe nur Vorschläge und Angebote meiner Klienten. Meine persönliche Meinung ist völlig fehl am Platz. Kommen wir also zurück zur Sache. Wie werdet Ihr Euch entscheiden?«

Kidd wusste, dass er gar keine andere Wahl hatte. Ginge es nur um seinen Kopf, oh, er hätte die Heuchler der Opposition mit Freuden ans Messer geliefert. Aber da man ihm nun offen damit drohte, sich in solch einem Fall an seiner Familie zu rächen, gab es kein Entkommen.

»Und was geschieht, wenn ich das dreckige Spiel dieser ›verdienstvollen Männer in hohen Regierungsämtern‹ mitspiele?«, fragte Kidd leise.

Nun wusste Jack Brownington, dass er gewonnen hatte. »Es muss natürlich noch zu einem Gerichtsverfahren kommen. Aber da Ihr schon ein Jahr in Haft seid, wird das Urteil nicht sehr hart ausfallen. Und wenn erst einmal Gras über die ganze unerfreuliche Geschichte gewachsen ist, werden meine Auftraggeber Pardon für Euch beim König erwirken. Das wird nur eine Formsache sein. Ihr habt mein Wort!«

»Ich will, dass dasselbe auch für meinen Steuermann Darby Mullins gilt!«, verlangte Kidd. »Wo wird er gefangen gehalten und wie geht es ihm? Sorgt dafür, dass wir zusammengelegt werden!«

»Eurem Steuermann geht es den Umständen entsprechend gut. Er befindet sich auch hier in Newgate. Nach dem Gerichtsverfahren werdet Ihr ihn wieder sehen, vorher ist es leider unmöglich«, antwortete Jack Brownigton. »Und nun lasst uns darüber sprechen, wie Eure Aussage vor dem Unterhaus abgefasst sein muss.«

Der Advokat gab ihm genaue Anweisungen und überzeugte sich davon, dass Captain Kidd begriffen hatte, welche Aussage er in wenigen Tagen machen sollte. Und er unterließ es nicht, Kidd noch einmal darauf hinzuweisen, welche Folgen es haben würde, falls Kidd sich nicht an die Abmachung hielt.

Das Urteil – Tod durch den Strang!

Kidd war voller neuer Hoffnung, als er Ende März 1701 vor dem Unterhaus erschien, um sich den Fragen des Parlaments zu stellen. Doch als er aus dem düsteren, stinkenden Loch seines Kerkers in den gepflegten Sitzungssaal kam, wirkte dieser Wechsel wie ein schwerer Schock auf ihn. Die Abgeordneten in ihren teuren, Respekt einflößenden Roben musterten ihn mit einer Mischung aus Verachtung, Mitleid und Sensationslust.

Obwohl es ihm schwer fiel, hielt Kidd sich an die Abmachung. Er beteuerte, sich keiner Schuld bewusst zu sein – und damit deckte er auch gleichzeitig die Lords der Regierungspartei. Er erklärte außerdem, dass diese Kaperfahrt zum größten Teil seine Idee gewesen sei. Er gab den oppositionellen Abgeordneten nichts in die Hand, womit sie politischen Druck auf die Lords hätten ausüben können, die das Unternehmen finanziert und vorangetrieben hatten.

Kidd ahnte nicht, dass er sich damit seiner letzten Chance beraubte. Hätte er seine Hintermänner nämlich ans Messer geliefert und sich als Opfer von Intrigen dargestellt, das Unterhaus hätte mit fast absoluter Sicherheit davon abgesehen, ihn vor Gericht zu stellen. So aber empfahlen die Abgeordneten schon am nächsten Tag, gegen Kidd gerichtlich vorzugehen.

Am 8. Mai kam es im Schwurgericht Old Bailey zum Prozess.

Das Verfahren war ein einziger Schwindel. Kidd hatte keine Gelegenheit erhalten, sich mit einem Anwalt zu beraten und eine vernünftige Verteidigung vorzubereiten. Erst zwei Stunden vor Prozessbeginn durfte er sich kurz mit zwei Rechtsberatern zusammensetzen, die die Admiralität dem Angeklagten zugestanden hatte. Natürlich reichte die Zeit nicht, um auch nur halbwegs vernünftig gerüstet zu sein.

Der Prozess war darauf ausgerichtet, Kidd zu vernichten. Wichtige Beweismittel, die für seine Unschuld sprachen, waren plötzlich nicht mehr aufzufinden, so auch die beiden französischen Pässe. Kidd konnte nun nicht mehr nachweisen, dass er im Recht gewesen war, als er die beiden Schiffe kaperte, die sich als französische ausgewiesen hatten.

Es wurde ihm zudem auch noch verboten, zu seiner eigenen Verteidigung in den Zeugenstand zu treten. Gleichfalls wurde untersagt, Besatzungsmitglieder anzuhören, die zu Kidds Gunsten aussagen wollten. Kidds Anwälte durften die Zeugen der Anklage, die kaltblütig Meineide schworen, noch nicht einmal ins Kreuzverhör nehmen – das musste der juristisch völlig ungeschulte Kidd selbst tun. Und so war es kein Wunder, dass sein Kreuzverhör zu einer Katastrophe wurde. Das eine Jahr strengste Einzelhaft waren nicht spurlos an ihm vorübergegangen.

Zwei Tage dauerte dieses abgekartete Schauspiel. Kidd wurde der Piraterie und vor allem des Mordes an dem Geschützmeister William Moore angeklagt. Es war ausweglos für Kidd. Und die Geschworenen brauchten nur eine halbe Stunde, um Kidd und sechs weitere Angeklagte, darunter Darby Mullins, für schuldig im Sinne der Anklage zu sprechen.

Das Urteil lautete: »Tod durch den Strang!«

Captain Kidd hatte sich auch während des manipulierten Prozesses an die Vereinbarung gehalten, die er mit Jack Brownigton getroffen hatte. Als Darby Mullins nun zwei Tage nach der Urteilsverkündung in seine Zelle gebracht wurde, glaubte er diese Tatsache als Zeichen dafür werten zu dürfen, dass auch der Anwalt sein Versprechen halten würde.

»Der Teufel soll mich holen, wenn ich diesen Lumpen und Halsabschneidern auch nur noch ein Wort glaube«, sagte Darby Mullins, als Kidd ihm von dem Gespräch und der Abmachung berichtet hatte. »Sie haben uns jetzt da, wo sie uns haben wollten, am Galgen nämlich.«

Kidd konnte und wollte die Meinung seines ehemaligen Steuermannes nicht teilen. »Er hat mir sein Wort gegeben!«, beharrte er.

»Hat das nicht Lord Bellomont auch getan?«, hielt Mullins ihm bitter vor.

Daraufhin schwieg Kidd.

Die Tage vergingen. Und dann steckte man diesen pockennarbigen Piraten Joe Simonton zu ihnen in die Zelle. Der Termin für die Hinrichtung rückte immer näher.

Schließlich kam der Tag, an dem der Wärter Captain Kidd aus der Zelle führte. Doch es war nicht der Advokat Jack Brownigton, der ihn erwartete, sondern der Anstaltsgeistliche Paul Lorrain.

Reverend Paul Lorrain war bekannt dafür, dass er zum Tode verurteilte Mörder und Piraten so lange bedrängte, bis sie ihm unter dem Siegel der Bußfertigkeit und der Beichte Geständnisse machten und Berichte ihrer Untaten anvertrauten. Diese verarbeitete der scheinheilige Reverend nach ihrem Tod in frommen Schriften, die er in Londons Straßen zu klingender Münze machte.

»Tut Buße und gesteht Eure Schandtaten, Captain Kidd!«, drang Paul Lorrain nun auch in Kidd. »Ihr werdet heute am Galgen hängen! Noch habt Ihr Gelegenheit, Buße zu tun!«

Kidd jedoch dachte gar nicht daran, irgendein Geständnis zu machen oder sich reumütig zu geben. Er war von seiner Unschuld überzeugt und wusste jetzt, dass auch Jack Brownigton sein Wort gebrochen hatte und ihn nichts mehr vor dem Galgen retten konnte.

Als er in seine Zelle zurückkehrte, drückte er dem Wärter sein letztes Goldstück in die Hand. Und seine Stimme zitterte, als er bat: »Besorgt mir eine Flasche. Ich werde sie brauchen.«

Der Wärter nickte. Mitleid stand in seinen Augen.

Unter dem Galgen

»Auf, auf! Der Strick wartet schon!«, grölte Joe Simonton am Nachmittag desselben Tages. Es war der 23. Mai 1701, der Tag der Hinrichtung. »Die frische Luft am Galgen wird uns gut tun!« Er lachte und seine Stimme überschlug sich und wurde zu einem schrillen, hysterischen Kreischen.

Captain Kidd, Darby Mullins und Joe Simonton wurden aus ihrer Zelle geführt und durch die düsteren Gänge des Gefängnisses eskortiert. Man hatte ihnen die Hände auf dem Rücken gefesselt.

Kidd fühlte eine eigentümliche Leere in sich. Der Wärter hatte ihm eine Flasche billigen Gin besorgt und Kidd hatte sie sich mit Mullins geteilt. Sie waren jetzt fast so betrunken wie Joe Simonton und das war gut so.

Vor den Toren von Newgate drängte sich eine riesige Menschenmenge. Eine Hinrichtung war in London stets ein Volksfest und zählte zu den beliebtesten Vergnügungen der armen, aber auch der reichen Bürger.

Tausende hatten sich vor dem Gefängnis angesammelt und warteten schon seit Stunden darauf, endlich diesen angeblich blutrünstigen Erzschurken und Piraten William Kidd mit eigenen Augen zu sehen.

Als die drei Verurteilten im Torbogen von Newgate auftauchten, ging ein Schrei durch die Menge. Der Pöbel brüllte ihnen die übelsten Verwünschungen zu und sang Spottlieder. Andere jedoch drängten sich nahe an den schwarz verhangenen Schinderkarren, auf den die drei Männer nun gestoßen wurden, und schrien nach Goldmünzen, Ringen und Edelsteinen. Es geschah gar nicht so selten, dass zum Tode verurteilte Mörder und Piraten ihre letzten Goldmünzen und manchmal sogar Edelsteine in die Menge warfen. Doch keiner der drei hatte auch nur noch einen Penny in der Tasche.

Der Zug setzte sich langsam in Bewegung. An der Spitze fuhr der stellvertretende Marschall der Admiralität in einer offenen Kutsche. Ihm folgte der Henker namens Cheeke. Und dann kam der Schinderkarren mit den Verurteilten, von bewaffneten Konstablern begleitet, die die Menge, so gut es ging, zurückdrängten.

Im Schritttempo zog die Prozession, gefolgt vom Londoner Pöbel, nach Wapping, wo der Galgen direkt an der Themse stand. Die Luft war erfüllt vom Gebrüll der Menschen, während der Zug sich durch die Elendsviertel von London bewegte, um den Bürgern Achtung vor dem Gesetz einzuflößen.

Zwei Stunden brauchte die makabre Prozession, um den Richtplatz zu erreichen. Der Galgen ragte aus dem Schlick der Themse und Reverend Paul Lorrain wartete schon am Fuß des Gerüstes. Er hatte die Hoffnung auf ein Geständnis von Kidd immer noch nicht aufgegeben.

Zwei Konstabler zerrten Kidd nun vom Karren unter den Galgen und legten ihm die Schlinge um den Hals. Und dann tat der Henker seine Pflicht.

Doch kaum fühlte Kidd, wie sich die Schlinge um seinen Hals zuzog, als der Strick plötzlich unter seinem

Gewicht riss und er in den matschigen Schlick am Fuß des Galgens stürzte.

Die Schaulustigen schrien vor Überraschung auf. So etwas war ganz nach ihrem Geschmack. Hier bekamen sie endlich einmal etwas geboten, ohne einen Penny zahlen zu müssen. Und sie hatten für den vom Unglück verfolgten Kidd nichts als Hohn und Spott übrig.

Vom Alkohol und von dem Sturz halb betäubt, richtete sich Captain Kidd mühsam auf. Vor seinen Augen verschwamm alles. Es war wie ein schrecklicher Albtraum, als man ihm zum zweiten Mal zum Galgen zerrte und zwang, die Leiter erneut hochzusteigen.

Diesmal hielt der Strick.

Als kein Leben mehr in ihm war, schnitt ihn der Henker vom Galgen, kettete den Leichnam an einen Pfahl direkt am Wasser, sodass Ebbe und Flut dreimal über die Leiche spülen konnten, denn so befal es das Gesetz der Admiralität.

Nachdem das geschehen war, wurde der mit Teer bestrichene Leichnam, von Ketten und einem eisernen Harnisch gehalten, an einem Galgen in Tilbury Point aufgehängt. Nun konnte jeder, der die Themse befuhr, das abschreckende Mahnmal sehen. Und es hieß, Kidd hätte dort jahrelang gehangen …

Liebe Leserinnen, lieber Leser,

es gibt ein arabisches Sprichwort, das lautet: »Ein Buch ist wie ein Garten, den man in der Tasche trägt.« Ich hoffe, dass euch (Ihnen) der Roman, der den Gärten meiner Phantasie entsprungen ist, gefallen hat.

Seit vielen Jahren schreibe ich nun für mein Publikum, und die Arbeit, die Beruf und Berufung zugleich ist, bereitet mir viel Freude. Doch warum tauschen wir zur Abwechslung nicht mal die Rollen? Ich würde mich nämlich über ein paar Zeilen freuen, denn es interessiert mich sehr, was die Leserinnen und Leser von meinem Buch halten.

Also: Wer Lust hat, möge mir seinen Eindruck von meinem Roman schreiben. Und wer möchte, dass ich ihm eine signierte Autogrammkarte zusende – sie enthält auf der Rückseite meinen Lebenslauf sowie Angaben zu und Abbildungen von weiteren Romanen von mir –, der soll bitte nicht vergessen, das Rückporto für einen Brief in Form einer Briefmarke beizulegen. (Nur die Briefmarke beilegen! Manche kleben sie auf einen Rückumschlag, auf den sie schon ihre Adresse geschrieben haben. Diese kann ich nicht verwenden!) Wichtig: Namen und Adresse in DRUCKBUCHSTA-BEN angeben! Gelegentlich kann ich auf Zuschriften nicht antworten, weil die Adresse fehlt oder die Schrift beim besten Willen nicht zu entziffern ist – was übrigens auch bei Erwachsenen vorkommt! Und schickt mir bitte keine eigenen schriftstellerischen Arbeiten zu, die ich beurteilen soll. Leider habe ich dafür keine

Zeit, denn sonst käme ich gar nicht mehr zum Schreiben.

Da ich viel durch die Welt reise und Informationen für neue Romane sammle, kann es Wochen, manchmal sogar Monate dauern, bis ich die Post erhalte – und dann vergehen meist noch einmal Wochen, bis ich Zeit finde zu antworten. Ich bitte daher um Geduld, doch meine Antwort mit der Autogrammkarte kommt ganz bestimmt.

Meine Adresse:
Rainer M. Schröder · Postfach 1505 · 51679 Wipperfürth

Wer jedoch dringend biografische Daten, etwa für ein Referat, braucht, wende sich bitte direkt an den Verlag, der gern Informationsmaterial zuschickt (C. Bertelsmann Jugendbuch Verlag, Neumarkter Straße 18, 81673 München); oder aber er lädt sich meine ausführliche Biografie, die Umschlagbilder und Inhaltsangaben von meinen Büchern sowie Presseberichte, Rezensionen und Zitate von meiner *Homepage* auf seinen Computer herunter. Dort erfährt er auch, an welchem Roman ich zurzeit arbeite, und ob ich mich gerade im Ausland auf Recherchenreise befinde. Meine Homepage ist im *Internet* unter folgender Adresse zu finden:
http://www.rainermschroeder.com

(Ihr)
euer

Rainer M. Schröder

Abby Lynn –
die Geschichte geht weiter ...

Ab 12

Band 3
Abby Lynn –
Verraten und verfolgt
C. Bertelsmann

Abby und Andrews Glück scheint perfekt, als Abby ein Kind erwartet. Da zerstören Soldaten ihre Farm auf der Suche nach Andrews Bruder, dem Oppositionellen Melvin. Während Andrew nach Melvin forscht, hält Abby sich versteckt. Doch sie wird verraten und inhaftiert, um als Lockvogel für Andrew und Melvin zu dienen. Im berüchtigten Kerker von Sidney bringt sie ihr Kind zur Welt ...

Die Vorgängerbände

Band 1
Abby Lynn –
Verbannt ans Ende der Welt
Omnibus 20080

Ein Justizirrtum verdammt die 14-jährige Engländerin Abby Lynn zu sieben Jahren Sträflingsarbeit in der Kolonie Australien. Abby hat Glück im Unglück: Auf der Überfahrt nach Australien lernt sie die warmherzige Farmersfamilie Chandler kennen und findet bei ihr ein neues Zuhause als Kindermädchen.

Band 2
Abby Lynn –
Verschollen in der Wildnis
Omnibus 20346

Jahre später ist Abby glücklich mit Andrew Chandler verheiratet, als sie Opfer eines Überfalls wird. Aborigines finden die Verletzte und pflegen sie im Buschland gesund. Unterdessen sucht Andrew mit Hilfe des einheimischen Fährtenlesers Baralong verzweifelt nach der Vermissten, bis er sie nach Wochen endlich aufspürt.

C. Bertelsmann JUGENDBUCH
www.bertelsmann-jugendbuch.de

Werner J. Egli
Abenteuer pur

Beim traditionellen Swan-Lake-Hunde-schlittenrennen von Alaska will Kyle beweisen, was in ihm steckt. Sein Gespann ist in Topform, nur der junge Indianer Jack Lightfoot scheint ein übermächtiger Gegner zu sein. Still und leise kocht die alte Feindschaft zwischen Weißen und Indianern wieder hoch – und schlägt in offenen Hass um, als Jack Lightfoot sich in Kyles Schwester verliebt.

Feuer im Eis
224 Seiten
OMNIBUS 20643

Als Wolfsspuren in den Rocky Mountains entdeckt werden, setzt eine große Hetz-jagd ein. Auch das Halbblut Zane hat die Fährte des Wolfes aufgenommen. Allein durchkämmt er die Wälder, um das Tier vor seinen Häschern zu retten. Schließlich gelingt es ihm, den durch eine Schuss-verletzung geschwächten Wolf einzu-fangen. Eine spröde Beziehung entsteht, doch nun wird auch Zane gejagt.

Der Ruf des Wolfs
256 Seiten
OMNIBUS 20606

www.omnibus-verlag.de

Fritz Steuben

TECUMSEH –
die Geschichte einer
Indianerlegende

Sorgfältig überarbeitet von Nina Schindler.
Ab 12

Band 1
Der Fliegende Pfeil
160 Seiten
OMNIBUS 20828

Amerika Ende des 18. Jahrhunderts: Immer weiter drängen die weißen Siedler über die Appalachen nach Westen. Gewaltsam nehmen sie das Land in Besitz und vertreiben die Indianer. Tecumseh ist noch ein junger Krieger, als die Weißen auch im Gebiet der Shawnee siedeln. Früh erkennt er, dass nur der Zusammenschluss aller Indianerstämme dem weißen Mann Einhalt gebieten und seinem Volk die Freiheit bewahren kann. Unermüdlich wirbt er an den Ratsfeuern der Stämme für die Idee einer geeinten indianischen Nation ...

Band 2
Der rote Sturm
160 Seiten
OMNIBUS 20829

Band 3
Der Berglöwe
160 Seiten
OMNIBUS 20830
erscheint im Dezember 2001

Band 4
Der strahlende Stern
160 Seiten
OMNIBUS 20831
erscheint im März 2002

OMNIBUS

www.omnibus-verlag.de

5502